PERGUNTAS A UM PSICANALISTA

ROBERTO GIROLA

PERGUNTAS A UM PSICANALISTA

Diretor Editorial:
Marcelo C. Araújo

Coordenação Editorial:
Ana Lúcia de Castro Leite

Copidesque:
Paola Goussain Macahiba

Revisão:
Ana Lúcia de C. Leite
Leila Cristina Dinis Fernandes

Diagramação:
Juliano de Sousa Cervelin
Simone Godoy

Capa:
Alfredo Castillo

© Editora Ideias & Letras, 2016

2ª impressão

EDITORA
IDEIAS&
LETRAS

Rua Tanabi, 56 – Água Branca
Cep: 05002-010 – São Paulo/SP
(11) 3675-1319 (11) 3862-4831
Televendas: 0800 777 6004
vendas@ideiaseletras.com.br
www.ideiaseletras.com.br

Dados Internacionais de Catalogação na Publicação (CIP)
(Câmara Brasileira do Livro, SP, Brasil)

Girola, Roberto
Perguntas a um psicanalista / Roberto Girola.
- Aparecida, SP: Idéias & Letras, 2012.

ISBN 978-85-7698-139-8

1. Perguntas e respostas 2. Psicanálise I. Título.

12-01055   CDD-150.195

Índices para catálogo sistemático:
1. Psicanálise: Perguntas e respostas:
Psicologia 150.195

SUMÁRIO

PREFÁCIO – 9

INTRODUÇÃO – 13

COMPORTAMENTO – 15
    Amizade: um bem precioso – 17
    A agressividade é boa ou ruim? – 19
    Mudanças de humor – 22
    A dor do outro – 25
    Tristeza nas baladas – 27
    O consumismo – 30
    A criatividade: um dom ou uma conquista? – 32
    Crise de passagem – 35
    Cuidar do corpo – 38
    Desemprego causa depressão – 40
    Não gosto de me sentir observado – 43
    Saber dizer "não" – 46
    A fofoca – 49
    Frieza diante da morte – 51
    Quando a notícia sangra – 53
    Em busca de um roteiro pronto – 56
    Devemos prestar atenção aos sonhos? – 58
    Jovem "travado" – 61
    Jovens bárbaros – 64
    Em casa sou diferente – 67

O medo – 70
O olhar interno – 73
O mundo não gira em torno do nosso umbigo – 75
Síndrome do pânico – 77
O perdão – 79
Perversão – 82
O psicopata – 85
Como lidar com pessoas agressivas? – 88
A preguiça – 91
Para entender o psicótico – 94
Reação retardada a um acidente – 97
Reagir ou ficar quieto? – 99
Prisioneiros da rotina – 102
Dificuldade de se sentir "incluída" – 105
Timidez excessiva – 108
O tique nervoso – 110
A importância do sono – 113

VIDA AMOROSA E SEXUALIDADE – 117
    Amor sem esperança – 119
    Quando o amor vira neurose – 121
    Amor proibido – 124
    O assédio sexual de crianças – 126
    Casal homossexual, por que incomoda tanto? – 129
    Repensando o casamento – 132
    Por que muitos casamentos acabam? – 135
    Por que sentimos ciúme? – 138
    Compulsão sexual – 140
    Discutindo a relação – 142
    Por que buscar um relacionamento problemático? – 145
    A rotina que mata – 148

Fechada para novos relacionamentos – 151
Homossexualidade, uma opção? – 153
As figuras do pai e da mãe pesam na busca do parceiro? – 156
Infidelidade conjugal – 159
Jovens e sexualidade – 162
A loucura da paixão – 165
Marido folgado – 168
Medo de um compromisso sério – 170
A menopausa – 173
Loba solitária procura Príncipe das Marés – 176
Casamento e diferença de idade – 179
Os opostos se atraem? – 182
A pedofilia – 185
A separação – 187

PAIS E FILHOS – 189
O trauma do aborto – 191
O aborto psicológico – 194
Quando falar sobre a adoção? – 197
Como lidar com o filho adolescente – 200
Pais e avós: como evitar conflitos? – 203
Bater na criança é uma forma de educá-la? – 205
Onde colocar o recém-nascido – 207
É errado beijar o filho na boca? – 210
A importância do brincar – 212
Ciúme entre irmãos – 215
Como falar de sexo com meus filhos – 217
Negar algo aos filhos pode gerar revolta? – 220
Criança irritada – 222
A criança hiperativa – 225
Relacionamentos dos filhos – 228

Criança tímida – 230
Meu filho não sai da frente do computador – 232
Depressão pós-parto: por quê? – 235
Desenhos animados com cenas de violência – 238
Impor nossa vontade ou dar autonomia aos filhos? – 241
Minha filha ficou grávida – 244
Filhos (in)dependentes – 247
O nascimento de um filho com deficiência – 250
Filhos e separação dos pais – 253
O filho "mais" amado – 256
A criança agressiva – 259
Para entender a mulher grávida – 261
Quando o homem cuida da casa – 264
Gravidez indesejada – 267
A idade certa para ser mãe – 270
Navegadores solitários – 272
A inveja do útero – 274
Irmão mais velho maltrata o mais novo – 277
Não quero ir para a escola! – 279
Mãe separada sem tempo para ficar com os filhos – 282
A mãe "suficientemente boa" – 284
Matar os pais – 286
Pai violento – 289
Filha nasce e pai vai embora – 292
Morando com os pais idosos – 295
A perda de um filho – 297
A idade adequada para colocar o filho na creche – 299
Meu filho bebe muito – 301
Meu filho é homossexual – 304
Filhos e televisão – 307
Vestibular: um ritual de passagem – 310

PREFÁCIO

Eis um livro diferente: um psicanalista que, com linguagem acessível, responde a perguntas simples, nascidas de interrogações de pessoas comuns que querem apenas uma orientação para viver o dia a dia de suas vidas no mundo de hoje.

Não é um livro teórico, técnico, mas, nascido longe da academia, é "para ser lido por todos, para trazer luz sobre a mente humana, mesmo às que não podem ter acesso ao longo e caro processo analítico e ao complexo mundo das teorias psicanalíticas", como diz o autor em sua introdução. Estamos, portanto, livres da formalidade requerida pelo rigor do trabalho analítico.

Encontramo-nos com as mais diferentes questões, nascidas do desejo de compreender o "mundo" psíquico-emocional, questões temperadas de curiosidade e interesse de pessoas de diferentes idades, que reconhecem precisarem de dicas para resolverem suas dúvidas e que se colocam na posição de perguntarem ao terapeuta.

É exatamente esta simplicidade que cativa o esforço do autor para ser claro e acessível, tendo sempre em vista os princípios teóricos da psicanálise, seu empenho em tornar compreensíveis questões nem sempre fáceis, sua dedicação em transmitir o conhecimento com transparência. Refiro-me, no entanto, a uma simplicidade que nada tem de simplismo ou redução de raciocínio, falo de uma clareza que não abre mão da profundidade necessária à reflexão, nem se contenta com o óbvio.

Ao longo das suas respostas, meu amigo Roberto Girola se revela gente, pessoa humana, cheio de atenção e cuidado pelo humano, buscando estar próximo de cada um que pergunta, seja ele um adolescente, uma mãe ansiosa, um jovem adulto, uma pessoa que quer saber melhor o que significa psicose para compreender seu amigo doente.

O respeito que Roberto tem pelas pessoas que o procuram aparece espontaneamente no que ele escreve, como algo que se desvela sem nenhum artifício ou esforço, porque esta delicadeza é parte essencial do seu modo de ser e da sua visão de mundo. Há um empenho genuíno em colocar-se no lugar do interlocutor para compreender melhor as circunstâncias que o cercam, para buscar ouvir, ver, sentir, perceber o mundo, a partir do seu ponto de vista e ajudá-lo efetivamente.

Não será esta disposição de espírito do terapeuta a primeira condição na direção da cura? Não seria a experiência do encontro com alguém vivo que também vive a busca de significado, que poderá fazer ressoar no paciente seu próprio poder-ser, abrindo-lhe um maior espaço de liberdade de viver?

Um bom autor, um terapeuta efetivo nunca poderá ser um observador dissociado do mundo, impessoal, sem identidade e história, sem suas impressões digitais únicas e cicatrizes singulares. Roberto jamais é frio e distante, mas comprometido, imbricado na vida.

Considero que a identidade desse italiano do Piemonte aparece ao longo do livro e lhe dá um olhar mais amplo e sensível para considerar questões culturais de cada região do Brasil, para aproximar-se das necessidades internas de compreensão e pertença próprias de todos nós, para "penetrar o mundo da psicose e se dar conta de que esta doença condena as pessoas a uma solidão infinita", para avaliar "o raro prazer de estar com alguém podendo ser nós mesmos".

Este livro é, sim, de fácil leitura, mas extremamente instigante, faz pensar, provoca. Suas páginas podem ser lidas ao nosso bel-prazer, sem ordem preestabelecida, em qualquer tempo ou lugar: numa pausa do trabalho, no metrô, na sala de espera de uma consulta médica, abertas ao acaso ou escolhendo-se os assuntos. Podem motivar reflexões, ser tema de uma mesa-redonda, roteiro de grupos de estudo.

A partir de sua leitura, podemos refletir sobre o que já está escrito dentro da gente, pela própria vida, e pensar em como continuar e escrever melhor o texto de nossa existência. Eu imagino assim e torço para que seja assim!

Gosto desse *Perguntas a um psicanalista* porque é simples. As grandes sacadas são simples, óbvias, de repente tudo faz sentido, *eureka*!

Parabéns, Roberto, pelo livro e pela coragem de se expor além das paredes do consultório. Meu caro irmão, você não precisa pedir desculpas pela "demasiada simplicidade" do seu texto. Nós precisamos de textos simples como este para tornar o mundo psíquico menos difícil e hermético.

Dou as boas-vindas a *Perguntas a um psicanalista* e desejo que muitos leitores encontrem o que encontrei nestas páginas.

Ana Paula Saraiva

INTRODUÇÃO

Os textos que compõem o livro são fruto do diálogo mantido durante vários anos com os leitores de um jornal de circulação nacional. As perguntas foram preservadas em sua formulação essencial, vez ou outra excluindo detalhes desnecessários. Os assuntos levantados pelos leitores se referem a dúvidas, incertezas, desconfortos ligados à vida do dia a dia. As respostas foram formuladas visando atingir o grande público, procurando fugir de aprofundamentos teóricos que seriam desnecessários, mas, ao mesmo tempo, evitando a superficialidade e as receitas prontas. O objetivo é ajudar o leitor a "pensar", tarefa um tanto árdua nos dias de hoje, em que somos frequentemente atropelados por uma rotina diária estafante.

Os textos foram organizados em três seções: *Comportamento*, *Vida Amorosa* e *Pais e Filhos*, mas isso não impede que o leitor possa "brincar" com os textos da forma que achar mais conveniente. O livro não precisa ser lido de forma sequencial. Os textos poderão ser escolhidos ao acaso e lidos separadamente, pois não existe uma sequência lógica a ser seguida.

Tudo o que nós somos e fazemos não é apenas "nosso", mas é também o resultado de um longo processo de sedimentação de eventos, circunstâncias e encontros, pessoais ou mediados através da leitura, das viagens, da arte, do cinema, dos estudos etc. Este livro não foge a essa regra. É, portanto, natural e justo que ele comece com o reconhecimento desses inúmeros coautores e colaboradores. Alguns revelados, outros ocultos e talvez até esquecidos nos meandros das memórias de meu inconsciente. A todos sou imensamente grato, pois, no decorrer de minha vida, muito me ensinaram, me enriqueceram e me encantaram. A todos os que se reconhecerão de alguma forma nestas páginas vai minha gratidão. De maneira especial, quero agradecer minha esposa que me acompanhou e me apoiou em todos esses anos com a sua dedicação, inclusive revisando o texto. Agradeço também a meus filhos que iluminam e motivam minha existência. André e Daniel revisaram a maioria dos textos e foram meus críticos severos. Um obrigado especial a Daniel, que me estimulou a publicar este livro e se deu o ingrato trabalho de selecionar, revisar e reunir os textos.

Finalmente, não posso deixar de agradecer a todos os meus pacientes passados e presentes que, de alguma forma, inspiraram essas páginas e motivaram minha dedicação ao trabalho no consultório. Todos eles foram meus companheiros de viagem à descoberta do maravilhoso, complexo e paradoxal mundo da alma humana. Aos colegas psicanalistas peço desculpas se os textos de alguma forma os entediarem ou os decepcionarem por sua demasiada simplicidade. É assim que eu os concebi, para ser lidos por todos, para trazer alguma luz sobre a mente humana, mesmo às que não podem ter acesso ao longo e caro processo analítico e ao complexo mundo das teorias psicanalíticas.

COMPORTAMENTO

AMIZADE: UM BEM PRECIOSO

Por que é importante termos amigos?
___

Durante a terapia, uma paciente bastante jovem falava frequentemente de suas "amigas", a maioria das vezes para se queixar delas. Certo dia, perguntei se tinha certeza de que fossem realmente suas amigas. Depois de relutar um pouco, acabou admitindo que, na realidade, não se tratava de amigas e, sim, apenas de "colegas".

A amizade é um bem precioso e, como tudo o que é valioso, é rara. Geralmente os "amigos" se contam nos dedos de uma mão.

A amizade é importante porque nos proporciona o raro prazer de poder estar com alguém sendo nós mesmos, sem máscaras, sem "proteções", sem fazer "joguinhos" de caráter emocional.

Mas como distinguir uma amizade falsa de uma verdadeira? Os processos de identificação inconsciente se encarregam de aproximar às pessoas, criando laços emocionais profundos, embora nem sempre saudáveis. É como se os inconscientes dialogassem entre si, antes mesmo das pessoas se conhecerem. O inconsciente nos move em direção dessa ou daquela pessoa, de acordo com suas "necessidades". Naturalmente, nem sempre isso ocorre de maneira saudável. Às vezes o que aproxima duas pessoas são as respectivas neuroses. Uma personalidade com tendência à submissão, por exemplo, poderá sentir forte atração por um amigo dominador sádico. Quem tende a "não existir" acabará caindo nas mãos de "amigos" invasivos e controladores, e vice-versa.

Podemos dizer que a marca registrada da amizade saudável é a espontaneidade. O amigo é aquele que gosta de nós, como nós somos, sem que seja necessário pôr uma máscara para fingirmos ser mais interessantes, mais inteligentes ou mais perfeitos.

Com o amigo não é necessário "explicar" as coisas. Ele nos conhece e, sem muitos rodeios, sabe do que estamos falando e o que estamos sentindo. Ele adora compartilhar nossos sonhos, nossas conquistas, nossos momentos difíceis. Chora conosco, ri conosco, vibra conosco e, também, sabe tirar um sarro de nossos defeitos, sem deixar-nos para baixo.

Mas cuidado! A amizade verdadeira nunca é interesseira. O verdadeiro amigo está conosco unicamente pelo prazer de estar conosco. Quando a amizade se mistura ao interesse, geralmente acaba, pois, na realidade, nunca existiu.

Nunca o verdadeiro amigo subordina a amizade a um pedido de favores. Quem age dessa forma, pode até conseguir o favor que está pedindo, mas acabará perdendo o amigo que se sentirá usado. A amizade, como vimos, supõe a gratuidade e a espontaneidade. Aliás, a possibilidade de dizer não a alguém confirma que ele realmente é um amigo.

Não há como "fazer" amigos. A amizade simplesmente "acontece", geralmente de forma inesperada. Ela pode estar à nossa espreita, onde menos imaginamos. Às vezes até em alguém que de início consideramos ser um chato. A amizade sempre nos surpreende.

Apesar de alguns duvidarem, também acredito que seja possível existir amizade entre homens e mulheres, sem que a amizade se torne um "caso" ou um romance. Novamente, o que caracterizará esse tipo de amizade é a possibilidade de estar com o outro sem querer usá-lo.

A AGRESSIVIDADE É BOA OU RUIM?

Como explicar, do ponto de vista psicológico, a agressividade? Ela é boa ou ruim?

O simples fato de colocarmos essa questão demonstra o quanto seja difícil para o ser humano lidar com esse aspecto de sua vida instintiva. De fato, ninguém questiona se a fome é boa ou ruim, todos entendem que ter fome é algo perfeitamente natural. Ninguém sente vergonha em admitir que está com fome. Já, no caso da agressividade, fica mais difícil reconhecer que ela está por trás de algumas de nossas reações. Admitir que estamos com raiva nem sempre é fácil. Às vezes, é até constrangedor. Aliás, por causa disso, costumamos disfarçar nossa raiva sob forma de agressões veladas, a maioria de caráter inconsciente. Uma delas pode ser esquecer o nome da pessoa de quem temos raiva. Outra é aquela resposta ríspida e inoportuna da qual logo nos arrependemos. "Esquecer" algo que o outro pediu pode também ser uma forma inconsciente de manifestar nossa raiva, assim como derrubar inadvertidamente um café quente em seu vestido novo ou quebrar, sem querer, algum objeto de sua propriedade.

A agressividade faz parte do nosso sistema instintivo e, portanto, é algo necessário à nossa sobrevivência e possibilita ao ser humano vivenciar uma relação equilibrada e saudável com o mundo externo. No início da vida, o bebê vive sua relação com o mundo externo de forma quase "cruel", pois exige da mãe (a primeira representante do mundo externo) uma adaptação total às suas necessidades. O mundo do bebê é habitado por objetos que são percebidos como algo que ele mesmo "criou". De início, para o bebê, não há uma separação entre mundo interno e mundo externo.

Somente por volta dos seis meses o mundo externo e a própria mãe (que é seu primeiro representante) começam a adquirir uma consistência própria e a serem percebidos como algo "não eu". Na medida em que o mundo externo começa a ser percebido como repleto de objetos "não eu", estes são "atacados" pelo bebê, justamente por fugirem ao seu controle onipotente. Basta observar a agressividade que o bebê manifesta com o próprio seio que o alimenta, mordendo e "brigando" com ele. Se o ambiente externo (mãe) suportar os ataques do bebê que manifestam sua agressividade (choro, inquietação, evacuações etc.), sem revidar e sem ficar "destruído", o bebê fica aliviado em sua culpa ao perceber que as pessoas em sua volta sobrevivem à sua fantasia destrutiva e que, portanto, elas têm uma consistência própria. A partir desse momento, surge a possibilidade de uma relação verdadeira com o mundo externo, que sempre vai envolver certa dose de agressividade, porém controlável.

No entanto, quando a mãe não consegue se adaptar às necessidades do bebê, que são substituídas, de forma intrusiva, pelas necessidades dela, o bebê sente com grande angústia que a mãe ficou "destruída" pela sua agressividade. É o caso da mãe ansiosa, que despeja no bebê cuidados resultantes de suas necessidades, geralmente ligadas a sentimentos de culpa. A mãe "histérica" ou agressiva, que reage com violência às necessidades do bebe, também demonstra não "suportar" a estrutura narcísica e onipotente do bebê.

Em todas essas situações, o ambiente demonstra não ser confiável e o bebê se retrai, refugiando-se em uma estrutura adaptativa precoce. Neste caso, a agressividade falhou, não podendo garantir ao bebê a possibilidade de ir ao encontro do mundo externo.

Dependendo de como foi vivida essa fase inicial da vida, a agressividade passará a ser sentida como algo que deve ser evitado ou que pode ser "usado" de forma adequada. No primeiro caso, ela se volta contra a própria pessoa, como sentimento de culpa que leva a atitudes de autossabotagem ou de autodestruição. Na pior das hipóteses, poderá dar origem a um mundo interno povoado de objetos ruins, que perseguem a pessoa, podendo ocasionar até estados alucinatórios (paranoia).

No segundo caso poderá ser usada de forma adequada para conquistar o próprio lugar no mundo e para se defender dele, quando necessário.

MUDANÇAS DE HUMOR

Tenho quase 30 anos e sinto mudanças de humor constantes e intensas em mim. Não são poucos os dias em que choro desesperadamente em frente ao espelho. Estou confusa: não sei por qual tipo de processo estou passando. Gostaria de uma palavra.

Os altos e baixos e as mudanças repentinas de humor, embora sejam característicos da adolescência, não se restringem apenas a esse período. Essas oscilações representam uma tentativa do psiquismo de encontrar um equilíbrio entre os dois polos que caracterizam o seu funcionamento. Mesmo em pessoas consideradas saudáveis, o funcionamento psíquico oscila entre os núcleos neuróticos e psicóticos. Neste sentido, acho que poderíamos brincar com as palavras e dizer que o objetivo de uma boa terapia é ajudar os psicóticos a se tornarem um pouco mais neuróticos e os neuróticos um pouco mais psicóticos.

Na linguagem comum, identificamos esse dois polos como sensações de depressão e de excitação. Embora, às vezes, remetam a estados de ânimo desagradáveis, ambos os núcleos são importantes para o nosso psiquismo. Os estados de excitação nos fazem sentir bem-dispostos, animados, confiantes, mas também ansiosos e inquietos. Nossa autoestima nesses momentos está em alta. Quando excessiva, a excitação pode nos levar a um sentimento de onipotência e a uma autoconfiança exagerada, predispondo-nos para atos insensatos que podem nos prejudicar. Além disso, pode gerar um estado de excitação inconcludente, ou seja, que não nos leva a nada, pois acabamos ficando presos na própria excitação.

Os estados de depressão fazem-nos sentir frustrados diante das dificuldades que a realidade nos apresenta, sem ânimo, inseguros e angustiados. Quando este estado se instala, nossa autoestima cai lá embaixo, tudo fica difícil, sem sentido e predomina uma sensação de paralisação. Ficamos sem iniciativa e sem "vontade" de fazer nada.

Para entender melhor como funciona nossa psique, podemos dizer que ela tem um papel fundamental: mediar o encontro do nosso mundo interno com o mundo externo. Nos animais, os instintos garantem reações adequadas diante dos estímulos que provêm do mundo externo e das necessidades internas (fome, sede, desejo sexual, sensação de frio e de calor etc.). No ser humano, esse processo não é puramente instintivo, mas é mediado pelo pensamento. A capacidade de "pensar" se sobrepõe às reações puramente instintivas e permite que as informações provenientes dos sentidos sejam processadas e transformadas em representações internas. Tais representações revestem nossos impulsos e permitem que eles sejam "significados", ou seja, que sejam encaixados em um quadro de referências composto por sensações, imagens, ligadas a uma rede de memórias emocionais. Somente assim os impulsos passam a fazer "sentido" para nós e podem buscar um caminho para a sua "realização" no mundo externo. Nem sempre, porém, esse quadro de referências é encontrado. Neste caso, os impulsos internos ficam sem chance de encontrar um caminho para se expressarem, gerando um estado de angústia e de ansiedade. Outra possibilidade é que encontrem o caminho, mas que acabem sendo barrados por um farol vermelho, o farol da censura interna, pois sua expressão no mundo externo é percebida como "perigosa" ou "proibida". Também nesse caso o impulso volta para trás e fica frustrado. Quando um estado "depressivo" se instala, os impulsos ficam represados. Seus caminhos de expressão são barrados por uma série de faróis vermelhos. Em um estado de excitação, acontece o contrário. Os faróis deixam de funcionar e os impulsos afloram com força, quase não encontrando obstáculos para se manifestarem.

Suas sensações na frente do espelho estão provavelmente ligadas a oscilações entre esses dois estados emocionais. O importante é perceber que eles não são estados permanentes, mas apenas tentativas de buscar o equilíbrio interno. Caso contrário, sobretudo se as oscilações forem muito intensas, repentinas e sem causas externas perceptíveis, é possível que estejamos diante de um estado patológico que exige cuidado terapêutico.

A DOR DO OUTRO

Conheço uma senhora de 56 anos de idade que faz tratamento com um psicanalista há muito tempo, toma remédios, não apresenta nenhum tipo de doença física grave, tem todos os seus amigos e familiares à sua volta, mas se diz infeliz. O que acontece?

É bastante comum, ao olhar para a vida de outra pessoa, acharmos que os seus problemas são na realidade inexistentes ou pouco importantes. Parece de fato existir um mecanismo que leva o ser humano a não querer olhar para o sofrimento do outro. Além de sofrer, quem sofre acaba também se sentindo excluído, condenado a uma solidão ainda mais cruel, pois os outros parecem não poder olhar para ele, ou, se olham, parecem desaprovar sua dor.

Não é raro, quando alguém nos confia um problema que o faz sofrer, sermos tentados a minimizar o que ele está dizendo, relatando situações dolorosas vividas por outras pessoas, essas, sim, realmente trágicas. Ou então, quando alguém nos fala de seu próprio problema, imediatamente respondemos relatando um problema nosso, dando a impressão de que o problema dele não é tão importante se comparado com aquele que acabamos de relatar. Quantas vezes queremos consolar quem amamos e, após ouvir suas queixas, dizemos: "Não é nada"...

Para quem está sofrendo, a pior coisa é ver sua dor sendo minimizada ou até ridicularizada. Se a pessoa está se queixando, é porque está "realmente" sofrendo, muito embora seus sofrimentos possam parecer inexistentes para quem escuta.

Saber escutar é uma arte que está caindo em desuso. Muitas vezes, as conversas tendem a se tornar uma sequência de falas desconexas. Cada um dos interlocutores parece estar capturado em seu próprio mundo, incapaz de permitir que o mundo do outro o penetre e desperte algum interesse nele.

Adentrar o mundo do outro é como entrar em um país estrangeiro. De início nos sentimos perdidos, não entendemos direito o idioma, tudo nos parece muito estranho, mas, aos poucos, começamos a nos sentir mais familiarizados. As coisas passam a fazer sentido. Da mesma forma, adentrar o mundo interno do outro pode ser extremamente difícil, mas, para quem sabe escutar, aos poucos se descortinam paisagens inesperadas, que nos permitem entender o mundo que o outro habita. Somente quando isso acontece, podemos ousar dizer algo, se for o caso.

Aliás, eis mais uma questão importante: a necessidade compulsiva de dizer algo. Como se o silêncio fosse inadequado, ofensivo. A prática clínica mostra claramente que, na maioria das vezes, o outro está dizendo algo não para ouvir nossa resposta, mas apenas para poder "se ouvir" na presença do outro. Ouvir a si mesmo na presença do outro não é a mesma coisa que ouvir a si mesmo na solidão. Algo dito mil vezes em um solilóquio repetitivo de repente passa a fazer algum sentido, se dito na presença do outro.

Não posso dizer o que está acontecendo com sua conhecida, mas posso lhe garantir que certamente ela está sofrendo e que precisa falar sobre sua dor.

TRISTEZA NAS BALADAS

Sou uma jovem de 16 anos, estudo, tenho uma família boa, estruturada e atenciosa. Saio sempre com meus amigos para as baladas, me divirto muito. Porém, tenho percebido, de uns tempos para cá, que quando estou em uma festa me sinto triste, angustiada, sem motivo aparente e, chegando à minha casa, choro. O que será que está acontecendo comigo?

Você está vivendo uma fase de sua vida que costuma ser crítica para muitos jovens. A adolescência traz transformações físicas e psicológicas importantes que podem gerar confusão e até esse estado de melancolia que você experimenta.

Do ponto de vista físico, as modificações são cada vez mais visíveis no seu corpo e fazem-na sentir mais mulher. Ao lado dessas transformações, outras invisíveis ocorrem no plano hormonal. Elas estão por trás das mudanças físicas e afetam o estado emocional como um todo (agitação, excitação, prostração etc.) e, em particular, a sexualidade e o humor.

Corpo e mente formam uma unidade. Juntamente com as mudanças físicas, o adolescente vive profundas mudanças psíquicas. Uma delas envolve a sexualidade. Com a puberdade o interesse pelo sexo aumenta. O desejo de contatos físicos com pessoas do outro sexo ou até, em alguns casos, do mesmo sexo se torna mais intenso, favorecendo o surgimento de fantasias sexuais e despertando a compulsão de se masturbar ou de se entregar a experiências sexuais com um parceiro. Tudo isso tende a acarretar sentimentos de culpa, vergonha e angústia, pois geralmente se trata de experiências que são vividas como transgressões, às escondidas, sem que os pais saibam.

Do ponto de vista psíquico, há ainda outra questão que costuma trazer sentimentos ambíguos e muito angustiantes. Trata-se da relação com os pais. A adolescência traz de fato uma necessidade de enfrentar os pais. Se antes eles eram um porto seguro e uma referência constante, agora parecem estranhos. Sua maneira de agir e pensar parece ser muitas vezes incoerente e "careta". O adolescente tende, portanto, a adquirir uma postura crítica que o leva a "assumir" seus próprios posicionamentos e a impor sua vontade. Tudo isso é muito importante, pois, de fato, o adolescente precisa "separar-se" psiquicamente dos pais, para poder exercitar sua liberdade e assumir suas próprias responsabilidades. Nem sempre, porém, os pais sabem dosar esses dois ingredientes e isso pode trazer também muita angústia e insegurança para o adolescente.

Se, por um lado, tudo isso é esperado e provavelmente até desejado; por outro lado, as mudanças assustam e desestabilizam. A perda da infância e da sensação de "proteção" que ela trazia pode gerar um verdadeiro estado de luto, que se manifesta com estados profundos de melancolia.

Em sua carta, a melancolia é associada especificamente às "baladas", aparentemente o lugar menos oportuno para se ter esse tipo de sentimentos. Talvez isso possa estar ligado ao clima que se instaura em uma "balada". Este, de fato, é o lugar onde "rolam" as primeiras experiências de caráter sexual. "Ficar" com alguém se torna o objetivo da noite e, às vezes, instaura-se até certa competição nesse sentido, para ver com quantos garotos ou meninas alguém ficou. Tudo isso desperta um sentimento de ansiedade e a sensação de "ser descartável", bastante difícil de ser suportada do ponto de vista emocional. Por outro lado, quem "não fica" parece ser inadequado e se sente excluído. O "ficar" traz também uma sensação de que tudo é passageiro e volátil. Uma sensação de estar sendo usado e de solidão, pois, apesar da proximidade física com muitas pessoas, raramente acontecem encontros "verdadeiros". Sentir tristeza nesses ambientes não é estranho, ao contrário, é perfeitamente normal e "saudável".

O CONSUMISMO

Procuro não comprar para minha filha de sete anos tudo o que entra na moda e explico que sou contra o consumismo. Mas ela começou a aparecer em casa com uns brinquedinhos da moda, dizendo que os havia ganhado. Quando soube que havia "subtraído" os brinquedos de colegas da escola, fiquei transtornada. O que pode estar por trás dessa atitude? Como devo agir?

A situação que sua carta relata é extremamente interessante, pois mostra que o consumismo não é apenas uma atitude "superficial" e, sim, algo muito mais profundo que nos envolve, agindo sobre o nosso inconsciente. Parece que sua filha foi vítima de algum tipo de compulsão, que a levou a "roubar" os brinquedos das amiguinhas.

Acredito que existam pelo menos duas causas psíquicas da compulsão de consumir. Desde que acordamos, até deitarmos novamente, somos invadidos por uma série de mensagens que nos propõem algum tipo de "produto" a ser consumido. Somos obrigados a atravessar durante o dia uma verdadeira "feira" do desejo. Trata-se, contudo, do desejo dos outros, um desejo que nos é sugerido de forma sedutora pela voz macia de uma linda mulher, ou pelo sorriso cativante de um galã. Rádio, televisão, *outdoors*, painéis eletrônicos, folhetos, enfim, uma infinidade de sugestivas mensagens sonoras e visuais nos acompanha, prometendo felicidade, sucesso, beleza, saúde, riqueza etc.

No meio dessa selva de mensagens, fica extremamente difícil saber o que realmente queremos. É como se nosso desejo ficasse sufocado pelo bombardeio das propostas que veiculam o que "deveríamos desejar". Diante da "provocação" do ambiente externo, podemos reagir de forma diferente, mas é extremamente difícil resistir às promessas que vinculam a algum "produto" a nossa felicidade, o nosso sucesso, bem como a consideração e a aceitação do meio onde vivemos. É como se a possibilidade de existir nos fosse dada por esses "produtos", que perdem o seu significado puramente material para adquirir um sentido mais profundo, simbólico. Eles se tornam objetos poderosos que nos conferem algo que vai muito além da satisfação imediata de uma necessidade. É como se o produto adquirisse vida e se tornasse um deus poderoso capaz de conferir vida a quem o consome.

Esse "poder" do objeto de consumo nos remete a dois funcionamentos psíquicos que favorecem a adesão à sedução consumista. Num primeiro caso, temos pessoas que vivem uma situação extremamente dolorosa que as leva a não se sentirem existentes, a não ser que "algo" ou "alguém" externo lhes confira existência. Neste caso, a psique desenvolve estruturas adaptativas, ao ambiente, que provêm da necessidade de evitar a sensação de rejeição e obter a aprovação do meio ao "aderir" às suas imposições reais ou fantasiadas. Neste caso, consumir é apenas uma das maneiras de adaptar-se, perdendo o contato com o próprio centro vital.

Para outros tipos de personalidades, consumir responde a uma necessidade mais instintiva que surge de uma sensação de um vazio interno (de afeto), que provoca angústia e uma compulsão ansiosa a "pôr para dentro" (introjetar), a consumir, a "comer" (bulimia). O consumismo é neste caso um tipo de bulimia simbólica.

A CRIATIVIDADE: UM DOM OU UMA CONQUISTA?

Todas as pessoas podem ser criativas? Como nasce a criatividade?

Você é do tipo que prefere seguir o que todos fazem, ou prefere fazer as coisas do seu jeito? Você prefere os caminhos seguros, bem delimitados, ou adora encontrar caminhos novos, mais arriscados, formas novas de viver a sua vida? Você acostuma submeter-se ao que os outros esperam, ou consegue surpreender, buscando seus próprios pensamentos, suas soluções?

Para alguns é fácil ser criativo, para outros é extremamente difícil. O ser humano é essencialmente criativo, embora nem todos tenham acesso à sua criatividade. O que nos torna criativos? Ou melhor, o que atrapalha o desabrochar de nossa criatividade?

A ato de criar está estritamente vinculado à capacidade de brincar. Trata-se de uma possibilidade que é explorada pela nossa mente desde os primeiros dias de vida. O bebê, de início, não consegue distinguir entre o mundo externo (a mãe) e ele próprio. Podemos dizer que, para o bebê, tudo é percebido como ele mesmo.

Quando o bebê manifesta uma necessidade e é atendido pela mãe de forma adequada e na hora certa, é como se ele próprio estivesse "criando" algo. De fato, para o bebê não é a mãe que oferece o cuidado solicitado (mamar, aquecer, segurar no colo, limpar etc.), mas é ele mesmo que "cria" o seio, o calor, a sensação de ser contido, pois, por enquanto, a mãe ainda não é percebida como separada dele.

Este processo que é essencialmente ligado a sensações corporais traz para o bebê uma sensação de conforto e, ao mesmo tempo, de onipotência, pois ele percebe que pode "criar" aquilo de que ele precisa.

Mais tarde, quando os objetos externos podem ser percebidos como tais, eles ainda são percebidos de uma forma carregada de sensações internas. Para a criança, os objetos não são simples objetos, mas estão carregados de significados que lhes são atribuídos pela própria criança. Um urso de pelúcia não é um urso de pelúcia, é muito mais do que isso. Prove tirar da criança o seu objeto preferido e verá o escândalo que ela vai fazer. Isso porque o que está sendo retirado não é um "objeto" na sua materialidade, mas um objeto carregado de sentido, revestido de algo que diz respeito à subjetividade da criança.

Quando a criança brinca, ela usa os objetos retirados do mundo externo (os brinquedos), mas, para ela, mais uma vez, não são simples objetos. A boneca é algo vivo, revestido pela fantasia da criança de vida própria. Ela fala, dorme, tem fome etc. Mais uma vez, o brinquedo é uma ponte entre o mundo externo e o mundo interno da criança que nele é projetado.

Quando cresce e se torna adulta, a criança deixa aparentemente de brincar, mas, na realidade, continua brincando com outros "brinquedos". O trabalho, a decoração de uma casa, a compra de um carro, a programação de uma viagem ou das férias, podem, de fato, tornar-se excelentes brinquedos para serem brincados.

Porém o aflorar da criatividade só ocorrerá naturalmente se, na infância, a experiência com a mãe foi sentida como algo positivo, que permitiu à criança se sentir segura ao criar seus próprios objetos.

Se, por exemplo, a mãe tarda em atender ao bebê, ou impõe suas necessidades, ao invés de estar atenta às necessidades dele, esse delicado processo não acontece de forma adequada. A criança, em vez de criar, aprende a se adaptar ao mundo externo, e os objetos que este oferece são sentidos como opressivos, invasivos.

Ao crescer, este bebê não poderá brincar com o mundo externo. O brincar será percebido como algo que atrapalha os adultos, como uma atividade "prêmio", e não como algo natural. Ficará, portanto, difícil fazer dos vários momentos de sua vida um brincar saudável.

A vida será percebida como uma sucessão de obrigações que exigem, sobretudo, adaptação àquilo que os outros e a sociedade esperam dele. A possibilidade de brincar e, portanto, de criar será muito restrita, provavelmente, a espaços bem delimitados. Nesse caso, o segredo é resgatar a capacidade de brincar. Será um processo mais trabalhoso do que seria na infância, porém todos temos essa capacidade. A criatividade está dentro de nós, basta encontrarmos maneiras de desabrochá-la.

CRISE DE PASSAGEM

Tenho um primo jovem de quase 20 anos. Ele se queixa de que se sente sozinho, sem amigos. Namorou uma vez. Está buscando trabalho, porém logo fica desanimado quando não consegue uma oportunidade. Às vezes, fica até irritado. O que posso dizer a ele?

É difícil afirmar, a partir das informações oferecidas, se o seu primo sofre de alguma disfunção psíquica ou se apenas está enfrentando uma crise devida aos novos desafios que a idade está trazendo.

No primeiro caso, a única solução seria consultar um profissional; no segundo caso, as coisas tendem a se resolver sozinhas. De qualquer forma, determinadas crises marcam a passagem de um período da vida para o outro. Todo o longo período da adolescência é uma lenta preparação para a fase adulta.

A adolescência, quando vivida de forma adequada, proporciona um lento afastamento da infância e a aquisição da autonomia, que permite ao jovem se inserir no mundo. A "crise da infância perdida" se alastra, de forma mais ou menos clara, durante toda a adolescência e pode até ter manifestações mais intensas, quando para o jovem se torna evidente que a infância está definitivamente perdida.

A entrada no mundo do trabalho pode representar esse momento, pois o jovem percebe que deixará de depender dos pais e terá de prover sozinho seu sustento, bem como o sustento de sua futura família.

Para alguns jovens, esse momento traz uma sensação de melancolia. É como se algo muito valioso estivesse irremediavelmente perdido. Trata-se de uma sensação muito próxima do luto, pois há uma percepção de que algo está morrendo.

Mas o que exatamente está morrendo? Trata-se da sensação de segurança proporcionada pela dependência dos pais. Um mundo de afetos e de referências seguras parece estar definitivamente perdido. Nem sempre esse sentimento é claro para o jovem. Às vezes, misturam-se também certa revolta contra os pais, que o estão "abandonando" ao seu destino, e um sentimento de raiva, que paradoxalmente nasce da sensação oposta, ou seja, do fato de se sentir ainda dependente deles.

Evidentemente, todos esses sentimentos contraditórios deixam o jovem confuso e com uma sensação de angústia, agravada pelas dificuldades externas, devido a circunstâncias que não dependem dele. Basta pensar na dificuldade que o jovem hoje encontra para se inserir no mercado de trabalho. O salário oferecido é desencorajador, e as exigências feitas para obter o cargo geralmente são desproporcionais. Tudo isso aumenta a sensação de impotência e de rejeição que o jovem sente nesse momento.

Por outro lado, esse é também o momento em que os amigos que constituíam a sua "turma" começam a namorar, deixando, portanto, de lado os que ainda são "solteiros". Tudo isso evidentemente aprofunda a sensação de solidão e de abandono nessa fase da vida.

O fato de não estar com uma namorada pode também envolver a sensação de incapacidade, de inadequação e de inaptidão, aprofundada pela dificuldade de arranjar um emprego.

O que a família pode fazer nesse caso? Do ponto de vista prático, não há muito que fazer, pois é importante que o jovem viva esse momento e que o supere sozinho. O importante é que o jovem se sinta apoiado e compreendido, ou seja, que ele possa viver sua angústia na presença de alguém solidário, que não o cobre e que procure compreendê-lo e acolhê-lo.

CUIDAR DO CORPO

Fazer exercícios físicos faz bem à mente? Se sim, qual é a relação entre os dois?

Horas e horas de clínica, ouvindo meus pacientes, convenceram-me de que a relação que cada um estabelece com o próprio corpo é tão complexa como as relações que estabelecemos uns com os outros. Aliás, podemos dizer que a relação que estabelecemos com o nosso corpo é também um sinal da maneira como nos relacionamos com o mundo.

Assim como nem todo exercício físico faz bem para a saúde, nem sempre se submeter a uma rotina de exercícios é saudável do ponto de vista psíquico.

Uma afirmação desse tipo pode surpreender em uma época em que frequentar uma academia representa para alguns um "mandamento" tão importante quanto para outros ir ao culto aos domingos ou frequentar regularmente a Sinagoga.

O culto do corpo e da aparência passou a ser uma exigência do meio onde vivemos. A mídia, as conversas com os amigos e até o mal-estar na hora de comprar uma roupa nos remetem inexoravelmente à ditadura do corpo,

Soube recentemente do caso de uma médica que foi descartada por um dos maiores hospitais de São Paulo justamente pelo fato de o seu corpo não ser "adequado" aos padrões estéticos da instituição, apesar de ter demonstrado no processo de seleção ser de longe a melhor profissional disponível.

Expressões como "malhado", "sarado", "bem definido" integram o nosso vocabulário e passam a definir o "corpo" como objeto do desejo. O enorme crescimento da indústria estética e toda uma série de produtos ligados ao aprimoramento do corpo, desde as academias aos anabolizantes, fizeram do corpo um grande negócio.

Estamos falando aqui do "corpo" como objeto de consumo, que deixou de ser um corpo ligado a uma mente, algo que sinaliza a presença de um ser humano, para se tornar um fetiche, ou seja, um objeto que está no lugar de outro ausente, ou esvaziado.

O movimento interno, que está por trás da opção de cuidar do próprio corpo e de fazer exercícios físicos, determina se os exercícios físicos são saudáveis ou não para a mente. Por esse motivo podemos dizer que a relação com o corpo pode ser comparada a uma relação qualquer. Ela pode ser saudável ou não. Depende da maneira como ela se estabelece e se mantém.

Se "cuidar" do próprio corpo é uma exigência imposta de fora para dentro, pela pressão que a sociedade e a mídia exercem sobre cada um de nós, os cuidados físicos passam a ser percebidos como algo persecutório e invasivo. A tendência será do inconsciente sabotá-los, ou então deles se tornarem uma forma desprazerosa de autopunição.

Se, ao contrário, o "cuidar" do próprio corpo for o fruto de um processo interno que leva a uma maior autovalorização e a cuidar mais de si mesmo, os exercícios físicos poderão representar algo muito saudável para a mente. Neste caso, eles poderão se tornar um momento importante de encontro consigo mesmo, um momento prazeroso que tonifica a mente com novas energias.

DESEMPREGO CAUSA DEPRESSÃO

Meu marido tem 52 anos e está desempregado há mais de um ano. Durante alguns meses, ele tentou arrumar um novo emprego, mas não conseguiu. Há pouco mais de dois meses, ele mal tem vontade de sair de casa. O problema é que não se convence de que está em depressão e precisando de ajuda. Como devo agir?

Com a recente crise econômica mundial, mais de 230 milhões de pessoas já perderam seus empregos. Se a situação é preocupante para quem tem menos de 40 anos, ela é ainda mais para aqueles que já têm uma idade mais avançada, como no caso reportado acima.

De qualquer forma, a perda do emprego é um evento traumático na vida de uma pessoa, que gera sentimentos de perda, rejeição e postergação, que resultam em perda da autoestima, ou até de uma confusão quanto à autoimagem, provocando quase sempre um estado de paralisia interna.

A perda efetiva do emprego e/ou a ameaça de perdê-lo costumam gerar uma acentuação de determinados sofrimentos psíquicos, que, em outras circunstâncias, ficariam ocultos ou menos perceptíveis. As consequências podem ser muito preocupantes, com o aparecimento de quadros depressivos agudos, ou de surtos maníacos.

Embora tenha falado em "acentuação" de sofrimentos psíquicos já existentes, é possível que a perda efetiva do emprego ou o medo de perdê-lo gerem uma situação interna de caráter traumático, mesmo em quem aparentemente estava bem antes. O desemprego se apresenta como uma realidade terrível. O problema não é apenas financeiro. O que está em jogo para o psiquismo é o próprio sentido da existência, sobretudo para o homem, cujo papel social é ligado à função de prover o sustento da família. Por estar "encostado", o desempregado sente que perdeu o seu lugar no mundo.

A sociedade de consumo liga o valor do ser humano à sua capacidade de produção e de consumo. O desempregado não produz, pouco pode consumir e, como consequência, é posto à margem.

Esta situação se torna ainda mais perversa se as pessoas mais próximas passam a ver o desempregado como um "encosto" e o tratam, mais ou menos conscientemente, com desprezo. Naturalmente, tudo isso favorece que o próprio desempregado passe a se perceber dessa forma, vivendo uma sensação constante de esvaziamento e de desprezo por si mesmo.

A tendência interna à baixa autoestima favorece um intenso estado depressivo e o consequente bloqueio da capacidade criativa. O desempregado passa, assim, a se sentir totalmente paralisado diante da situação.

Embora essa situação esteja em parte ligada a uma situação externa, é importante que o desempregado possa ser ajudado a perceber que a perda do emprego não equivale à perda do seu valor como ser humano, como pai e marido.

Feita essa premissa, se depois de um ano "nada" aconteceu, provavelmente é necessário rever os caminhos escolhidos para buscar uma nova colocação no mercado de trabalho.

O desempregado que se prende teimosamente ao seu antigo emprego continua moldando sua busca de novas possibilidades à sua situação profissional anterior. No entanto, o mercado de trabalho mudou. O que antes era oferecido sob forma de emprego, talvez hoje deva ser buscado como possibilidade de trabalho.

A negociação de faixas salariais e de cargos exige flexibilidade (ou seja, disposição para ganhar menos do que antes e para ocupar um cargo menos importante) e criatividade.

Isto significa que a busca de um emprego supõe prestar atenção não apenas às próprias necessidades, mas também às necessidades que o mercado de trabalho acena. Parece banal, mas não adianta oferecer algo a alguém que está procurando outra coisa.

No caso em questão, contudo, é possível que já esteja se perfilando um quadro patológico de bloqueio, que dificilmente poderá ser superado sem ajuda profissional. Devido à situação, talvez a ajuda possa ser buscada junto a instituições que oferecem suporte terapêutico gratuito. Geralmente, este tipo de atendimento é oferecido por faculdades de psicologia ou centros de formação de psicanalistas.

NÃO GOSTO DE
ME SENTIR OBSERVADO

Sinto dificuldades em realizar tarefas, em geral quando estou sendo observado. Por que isso ocorre? Há algum tratamento para tal problema?

Para algumas pessoas é muito difícil trabalhar, ou realizar qualquer tipo de tarefa, sabendo que estão sendo observadas. Em um mundo cada vez mais povoado de "olhos" que nos observam, a sensação de estar sendo monitorado o tempo todo pode piorar. Basta pensar na inflação de câmeras que monitoram nosso dia a dia, desde que saímos de casa, até voltarmos. Podemos até ter a impressão que estamos vivendo constantemente no cenário de um grande *Big Brother*, sendo observados por todo o mundo.

Mas não há dúvida de que a sensação mais incômoda é gerada pela presença física de alguém nos observando. É como se sentíssemos a respiração dele em nosso pescoço e seu olhar severo nos perscrutando.

Nessa situação, as ideias não fluem, nossa criatividade se paralisa e nossos movimentos se tornam desconjuntados e sem harmonia. O que provoca essa incômoda sensação que nos paralisa? Trata-se de algo que o outro "passa" para nós, ou trata-se de um produto interno de nossa psique?

Naturalmente, há situações em que o outro está observando e "julgando" de forma negativa nossa atuação, nossa maneira de vestir, nosso aspecto físico, ou até a nossa simples presença em determinado lugar. Mas há também situações em que o desconforto é percebido mesmo quando o outro não está de fato preocupado com a nossa presença ou com o que estamos fazendo.

Por que então "sentimos" um desconforto tão grande apenas pelo fato de imaginar que o outro está nos observando?

Independentemente dos sentimentos que o outro projeta sobre nós, existem sentimentos internos, gerados por nós mesmos, que nos pegam pelas costas. O "olhar" do outro que sentimos pesar sobre nós, pesa porque é, antes de tudo, um olhar "interno", presente dentro de nós.

O olhar severo do pai, o do deus que castiga, o da sociedade que condena e o da tradição que nos obriga a seguir seus princípios e normas são introjetados e se tornam um olhar presente no nosso inconsciente que nos observa e nos condena severamente.

Freud chamou essa instância do inconsciente de superego ou supereu, um Eu superior que nos julga e nos controla. Por ser inconsciente, não temos noção de sua existência, e sua atuação é percebida como uma sensação desprazerosa que nos deixa confusos, encabulados, sem graça, envergonhados ou, definitivamente, culpados.

A sensação é frequentemente atribuída a causas externas, ao olhar do outro, mas haja ou não um "olhar" externo nos julgando, o julgamento surge, antes de tudo, de dentro de nós e se impõe como algo real e extremamente incômodo.

No nosso inconsciente existe também uma "imagem" idealizada de nós mesmos, criada a partir das expectativas reais ou imaginárias de nossos pais, das exigências éticas, estéticas e do comportamento do meio cultural e religioso ao qual pertencemos, que fazem parte de nossa tradição.

Trata-se do Eu ideal. Essa imagem não corresponde àquilo que nós conscientemente julgamos ser correto e adequado e nem ao que de fato somos. Essa imagem é muito mais forte e intensa do ponto de vista emocional e representa um termo de comparação constante ao qual nos comparamos: uma exigência interna à qual devemos obedecer.

O Eu ideal e a estrutura superegoica provocam sentimentos muito fortes de inadequação e de culpa, dos quais é difícil se libertar, porque geralmente não são acessíveis à nossa consciência.

Para não sentir o incômodo gerado pelo fato de nos sentirmos observados, é necessário primeiro saber lidar com essas duas instâncias internas que nos observam constantemente. Embora possa parecer redundante, dificilmente é possível conseguir isso sem a ajuda de uma terapia.

SABER DIZER "NÃO"

Ouço bastante as pessoas dizerem que é necessário e importante para nossa vida sabermos falar "não" a certas situações ou pessoas. Isso me interessou, porque não consigo dizer "não" em alguns momentos nos quais gostaria de fazê-lo. Parece que não tenho forças para fazer o contrário. Sinto que, por isso, acabo levando comigo os problemas também das outras pessoas. O que posso fazer?

Dizer "não" nem sempre é fácil. Para algumas pessoas é quase impossível. Antes de descrever os aspectos de caráter pessoal ligados a esse tipo de comportamento, gostaria de fazer uma breve alusão a um fator de caráter ambiental.

Existe, de fato, na cultura brasileira uma tendência a não "magoar" o outro. Para o brasileiro a fala franca e direta de outros povos e a maneira de agir sem muitos rodeios soam como um comportamento violento e grosseiro. No próprio território brasileiro, cada região tem suas características. Em algumas, mais influenciadas pela imigração europeia, as relações são mais espontâneas e diretas; em outras, influenciadas pelo sistema colonial, escravista, as relações são mais cerimoniosas, marcadas por certo formalismo. De qualquer forma, o brasileiro passa a impressão de ser um povo meigo e gentil, mas, por outro lado, isto pode levar a situações difíceis, que, com o tempo, acabam estragando a relação, seja ela qual for (amizade, namoro, profissional etc.).

Do ponto de vista pessoal, poder dizer "não" supõe a possibilidade de "habitar" a si mesmo. Uso a expressão "habitar" para expressar a sensação de "sentir-se em casa" consigo mesmo. Ficar à vontade com o próprio mundo interno significa habitá-lo, identificando quais são as suas reais necessidades, as quais precisam ser reconhecidas e acolhidas. Embora possa parecer paradoxal, nem sempre é fácil sustentar o confronto com o mundo externo. Para algumas pessoas, acolher as próprias necessidades e limitações, olhar para elas e reconhecê-las como tendo direito de existir é uma tarefa árdua, que traz uma sensação de angústia. É como se o simples expressar as próprias necessidades e limitações desencadeasse uma situação ameaçadora.

Mas, afinal, qual seria a ameaça? A sensação é a de que o mundo externo não "suporta" a nossa existência quando ela se confronta com ele. Uma sensação que se instalou no psiquismo desde os primeiros meses de vida, quando o bebê pela primeira vez se depara com o mundo externo. Se o mundo externo não "suporta" a nossa existência, o jeito é tentar incomodá-lo o menos possível com nossas necessidades e limitações. O jeito é buscar uma adaptação constante ao ambiente, na tentativa desesperada de ganhar um pouco de afeto. Existir – e habitar a si mesmo – neste caso é sentido como uma ameaça, pois a sensação é a de que o outro não suporta nossa existência.

Outra sensação, mencionada na pergunta, é a dificuldade de estabelecer uma "separação" com o outro. Os problemas dele são sentidos como se fossem nossos, criando-se assim uma relação que não permite nenhum distanciamento saudável. Trata-se de mais uma consequência da impossibilidade inicial do psiquismo de estabelecer uma separação entre o si-mesmo (*self*) e o ambiente... Cria-

-se assim um "falso" si-mesmo (*self*), que vive à mercê do ambiente, com uma sensação constante de esvaziamento. Para complicar ainda mais as coisas, pode existir uma tendência de confundir essa atitude psíquica com uma atitude moral de "serviço" aos outros, de disponibilidade incondicional. Se não houver amor a nós mesmos, tampouco poderemos amar aos outros.

A FOFOCA

Existe alguma explicação psicológica para o fato de algumas pessoas gostarem de fazer fofocas?

Por trás da fofoca existem "necessidades" inconscientes de diferente tipos. Com isso não estamos falando necessariamente de algo saudável, de algo bom. O termo apenas aponta para um funcionamento de nossa mente que não é submetido ao controle da consciência.

Não é raro encontrarmos alguém que gosta de "se meter" na vida dos outros, ou de "viver" a vida dos outros. O curioso é que, frequentemente, o "fofoqueiro" se dá conta de ter feito uma fofoca somente depois, quando já não há mais o que fazer. Às vezes, sequer se dá conta de estar "fofocando". Para as vítimas de suas fofocas, no entanto, sobram os estragos que esse funcionamento psíquico provoca.

O primeiro aspecto, geralmente inconsciente, presente na "fofoca" pode ser a necessidade de "agredir" o outro. Esse tipo de agressividade pode ter sua origem inconsciente em um sentimento de inveja. Quanto maior for sua intensidade, maior será o "ataque" contido na fofoca. A inveja é um sentimento que surge ao perceber que o outro desfruta de algo que é considerado fora do alcance de quem inveja. O ataque invejoso tem como alvo o que é tido como desejável. O instinto invejoso, porém, não tem como objetivo se apoderar daquilo que é invejado, mas apenas visa destruí-lo, ou, na melhor das hipóteses, estragá-lo.

Por trás do ataque contido na fofoca, pode haver também ciúme. Este sentimento diz respeito ao amor que o indivíduo sente que lhe é devido ou que lhe foi tirado por um rival, ou que está a ponto de sê-lo. Tanto a inveja como o ciúme favorecem o despertar da agressividade que se manifesta através da "fofoca", resultando em um ataque verbal que fere a honra do outro, sua integridade moral, sua competência profissional ou que manipula a realidade, criando uma versão distorcida dos fatos.

Quando não é movida pelo prazer de "ferir" o outro, a fofoca pode ser movida pelo "prazer" de se viver de forma projetiva algo que também quem faz a fofoca gostaria de viver. As revistas e os programas televisivos que têm na fofoca seu principal atrativo se alimentam dessa necessidade inconsciente. Desta forma, o público que assiste ao programa ou lê a revista passa a viver projetivamente o que outros, os famosos, vivem, desfrutando assim de situações que dificilmente poderiam ser vividas em sua vida pessoal e em seu contexto social.

Por trás da fofoca, pode haver também uma necessidade de "comentar" algo a respeito do outro, que, na realidade, representa um problema para quem faz a fofoca. É como se fosse uma forma de falar de si, falando do outro. Evidentemente, é mais fácil falar do outro que de si mesmo, e admitir que algo é assim ou assado para o outro, do que para si mesmo.

FRIEZA DIANTE DA MORTE

Quando alguém morre, alguns reagem de forma um pouco exagerada, com muito choro e histerismo. Outros se comportam de forma normal. Contudo, é em mim que percebo a pior reação. Na morte de qualquer parente, seja próximo ou não, sempre reajo com frieza. Por que sou assim?

Embora para quem observe de fora a frieza pareça ser um sinal de indiferença e de insensibilidade, nem sempre isso é verdade. Em muitos casos, a aparente frieza é uma forma de "defesa" para não entrar em contato com a dor. A sua preocupação diante desse sentimento já mostra que não gosta de reagir dessa forma à morte de um ente querido.

Uma primeira explicação poderia ser buscada em uma tentativa de "negar" a morte, para fugir do sentimento de angústia que ela causa. É como se houvesse uma necessidade interna de não olhar para a morte, de não enxergá-la. A morte é de fato um acontecimento paradoxal. Embora não possamos pensar em nada vivo que não morra, por estar a semente da morte inscrita no próprio código da vida, ela é também o oposto da vida. Possui uma radicalidade que remete à negação de qualquer possibilidade de vida, ao nada absoluto. A fé pode ajudar-nos a lidar melhor com essa radicalidade, mas, do ponto de vista inconsciente, ela permanece em toda a sua angustiante e dramática "realidade".

Se este for o caso, é como se o seu inconsciente provocasse um "desligamento" geral diante de algo que poderia fazer entrar em crise o seu psiquismo. Uma espécie de disjuntor psíquico para evitar uma sobrecarga emocional desagradável ou prejudicial. Naturalmente, não é essa a intenção consciente. Não se trata de algo que a pessoa quer que seja assim. Trata-se de um funcionamento inconsciente e, portanto, fora do controle de nossa razão e de nossa vontade.

Uma segunda explicação poderia ser buscada em uma dificuldade generalizada de entrar em contato com o seu mundo interno. Se este for o caso, a "frieza" não envolve apenas a situação extrema da morte de um ente querido, e sim qualquer situação emocional mais intensa. Estaríamos diante de uma forma particularmente forte de "controle" emocional, ao qual o psiquismo recorre para não se desequilibrar. Também nesse caso, contrariando todas as aparências, não podemos falar de insensibilidade, e sim de um medo de entrar em contato com o próprio "sentir".

Pessoas que passaram por situações difíceis na infância (pobreza, violência, perdas, doenças, mudanças de ambiente, traumas etc.) precisam muitas vezes desenvolver esse funcionamento para se protegerem da dor e da rede de memórias emocionais que remete a situações de sofrimento, de privação e de frustração.

Diante de tudo isso, percebemos o quanto seja sábia a recomendação de não julgar. Para emitir um julgamento, deveríamos poder entender as verdadeiras razões que levam um ser humano a agir de uma determinada forma e isso é impossível não somente para os outros, mas até para a própria pessoa.

QUANDO A NOTÍCIA SANGRA

Por que as pessoas tendem a se interessar mais por notícias relacionadas a crimes, catástrofes, tragédias, mortes etc.? Por que essa atração pela morbidez?

Basta observar o movimento de curiosos, que se adensam em torno do local onde ocorreu uma desgraça, para perceber a irresistível atração que a morte e a tragédia exercem sobre o ser humano.

Naturalmente, essa atração repercute nos índices de audiência dos programas de televisão ou nas preferências na escolha das notícias divulgadas em jornais e revistas. No cinema, essa tendência deu origem a pelo menos dois grandes filões de produções que faturam milhões de dólares em bilheteria: os filmes de terror e aqueles dedicados às grandes catástrofes. O que gera esse tipo de preferência? Por que essa atração sinistra e mórbida?

Freud, a partir de suas pesquisas clínicas, perguntou-se o que é que move o ser humano. Ele usou uma palavra em alemão para indicar essa força cuja tradução sempre representou um problema nos outros idiomas. Em português, na linguagem técnica da psicanálise, essa força foi definida como *pulsão*, mas outros preferem traduzi-la apenas como *instinto*, mesmo sabendo que o termo não diz exatamente o que a palavra alemã *trieb* define.

De qualquer forma, existe uma força que move o ser humano e o motiva em suas ações e suas preferências. Em um primeiro momento, Freud chamou essa força de instinto de vida, ou princípio do prazer. Ou seja, o que moveria o ser humano seria a busca da satisfação de suas necessidades mediante experiências que lhe proporcionam prazer.

No caso do gosto pela tragédia, porém, não podemos apelar para esse princípio como justificativa de todas essas formas de atração mórbida, pois não há aparentemente prazer nenhum em ver um ser humano estraçalhado ou em ver milhares de pessoas sofrendo por causa de uma tragédia. Foi o que o próprio Freud constatou em suas pesquisas, logo após a Primeira Guerra Mundial, que causou milhões de mortos. Anos depois de ter enunciado o princípio do prazer como o principal "motor" do psiquismo humano, ele teve de recorrer a outro princípio que chamou de *instinto de morte*.

Paradoxalmente, o que move o ser humano são duas forças aparentemente opostas. Uma remete à vida. Outra remete à morte. Sem querer entrar nas discussões que se sucederam a essa teoria de Freud, podemos perceber que, na realidade, vida e morte são os dois polos de uma única realidade.

Não podemos pensar em um ser vivo sem pensar na sua morte, e não podemos pensar em morte sem pensar em um ser vivo. No entanto, se a vida faz sentido para nós, a morte representa algo misterioso, aparentemente sem sentido, algo que nos remete ao desconhecido.

A atração mórbida por tudo aquilo que nos remete à morte deve-se exatamente a isso. Ao fato da morte ser um sem sentido. Para o psiquismo, tudo aquilo que não pode ser significado torna-se um centro irresistível de atração. Daí surge a necessidade de repetirmos inúmeras vezes os mesmos rituais absurdos que, de alguma forma, nos remetem à alguma expressão desse sem sentido que é a morte.

Aprofundando mais, à procura dos mecanismos inconscientes que emergem nessas situações, podemos também encontrar algo relacionado à morte, que é o ódio. No inconsciente, tudo o que é amado é também odiado, pois, de alguma forma, nos sentimos aprisionados àquilo que amamos.

Se uma parte de nós vive buscando a vida e seus correlatos (amor, prazer, cuidado, acolhimento etc.), outra parte busca exatamente o oposto (ódio, desprazer, agressão, perseguição etc.). Tudo isso movimenta nossos instintos sádicos e o desejo de destruição.

Não é agradável olhar para esses aspectos instintivos e sádicos do nosso inconsciente. Evidentemente, a nossa autoimagem fica bastante abalada com essa percepção. Por outro lado, é extremamente importante que possamos aceitar a complexidade do nosso psiquismo para não termos uma imagem idealizada de nós mesmos e dos outros. Ser humildes, nesse caso, é ter os pés no chão (húmus em latim) e admitir que de fato temos uma irresistível atração inconsciente por tudo aquilo que envolve morte, tragédia, desgraça e violência.

EM BUSCA DE UM ROTEIRO PRONTO

Por que, em algumas situações da vida, sentimo-nos mais seguros quando alguém nos diz o que fazer e como fazer?

O fato de nos sentirmos mais seguros, ao percorrer o caminho que outros nos indicam, do que buscar nosso próprio caminho diz o quanto seja difícil "habitar" a nós mesmos. Muitos acham que a parte mais difícil seja resistir aos próprios desejos, reprimi-los, mas pode ser mais difícil ainda ter acesso aos próprios desejos, considerados perigosos e suspeitos. Por que é tão difícil confiar no que surge dentro de nós? Muitos sentem desconfiança por tudo aquilo que se origina de dentro deles. É como se os produtos do seu mundo interno fossem necessariamente corrompidos, perigosos, suspeitos.

A forma como as necessidades do bebê são percebidas, recebidas e atendidas pela mãe, principalmente nos primeiros seis meses de vida, marcará de forma determinante a maneira como o adulto lidará com as próprias necessidades. Um bebê que não se sentiu acolhido com suficiente disponibilidade por parte da mãe em acolher suas necessidades (mãe ausente ou ansiosa), que não pôde se expressar com liberdade e espontaneidade, dificilmente conseguirá habitar a si mesmo e ter acesso às próprias necessidades internas.

A sensação para esse tipo de personalidade será sempre aquela de estar pedindo demais, de estar incomodando, de não ter direito de olhar para si mesmo. A oposição entre as expectativas emocionais do mundo interno e os apelos do mundo externo, internalizados sob forma de imposições e racionalizações, provoca uma cisão, impedindo que emoção e razão possam operar de forma harmoniosa.

Quando isso acontece, estabelece-se geralmente uma rígida estrutura de controle. O psiquismo contrata um robusto segurança para que vigie a porta dos desejos. Logo que uma necessidade interna se transforma em um desejo, ela é questionada. Privado do acesso ao seu mundo interno, o indivíduo fica sem saber o que fazer. A bússola fornecida pelo quadro interno de referências não funciona. Daí a necessidade de que alguém, de fora, diga o que fazer, ou, pelo menos, valide os pedidos do mundo interno e os autorize.

A sensação para esse tipo de personalidade é que existe um roteiro pronto, escrito em algum lugar e caracterizado pelo "certo" e pelo "errado". Um roteiro que deve ser seguido à risca. A busca desse roteiro misterioso ocupa a maior parte do tempo e das energias psíquicas da pessoa. Evidentemente, não sobrará espaço para o gesto criativo e para a espontaneidade. É uma verdadeira prisão interna. Uma das possíveis manifestações desse penoso estado psíquico pode ser a somatização do seu sofrimento interno através de crises de pânico.

Geralmente, esse tipo de pessoa está mais exposto às armadilhas dos vendedores de certezas, sempre prontos a oferecer caminhos para quem está disposto a se submeter ao seu poder. A coisa piora quando a garantia da certeza vem com o carimbo de alguma entidade sobrenatural (espíritos, orixás etc) ou do próprio Deus (a vontade de Deus).

No entanto a realização do ser humano se dá, do ponto de vista psíquico (e também espiritual), na possibilidade de exercer sua autonomia, sua liberdade, sua espontaneidade e sua capacidade de criar. Neste sentido, poderíamos dizer que cada um de nós é um verdadeiro "dabar" (palavra) divino, pronunciado para ecoar no mundo de forma totalmente original.

DEVEMOS PRESTAR ATENÇÃO AOS SONHOS?

Há pessoas que dão muita importância aos sonhos e até tentam interpretar o que sonham. Como é que sonhos, às vezes tão "malucos", podem ajudar a explicar alguma coisa sobre nós?

O ser humano sempre foi fascinado pelos seus sonhos e buscou neles, desde a antiguidade, uma orientação para a sua vida. Tanto nas culturas politeístas de origem greco-romana e africana, como naquelas dos povos indígenas americanos, a interpretação dos sonhos ficava a cargo de videntes, sacerdotes, sacerdotisas, magos, feiticeiros e pajés. Os sonhos eram frequentemente vistos como uma mensagem vinda do além, enviada pelos deuses ou por espíritos que habitam o mundo das sombras ou dos mortos. Na própria tradição bíblica não faltam exemplos de interpretação de sonhos, como no caso da escada de Jacó, dos sonhos do faraó interpretados por José, daqueles do rei assírio, interpretados por Daniel, e aquele de José, avisando sobre a intenção de Herodes de matar o pequeno Jesus. Em alguns casos, os sonhos bíblicos encerram uma mensagem ou uma admoestação divina; em outros casos, avisam sobre algo que vai acontecer no futuro; de qualquer forma são sempre ligados a uma intervenção sobrenatural.

Foi somente no século XIX que se procurou uma explicação mais "científica" para os sonhos e para os fenômenos que os acompanhavam. Em 1900 apareceu uma das mais importantes obras sobre o assunto, *A Interpretação dos sonhos*, de Sigmund Freud. Para Freud, os sonhos são extremamente importantes e fazem parte de um mecanismo saudável do nosso psiquismo, que busca, através da atividade onírica, uma forma de compensação.

Quando estamos acordados, entram em ação na nossa mente mecanismos que a "defendem" de um contato direto com os conteúdos do inconsciente que seriam destrutivos, violentos, e que poderiam nos enlouquecer. Por outro lado, esses conteúdos inconscientes têm para nós uma extrema importância, pois representam o nosso mundo interno. O inconsciente de fato está por trás de todos os nossos funcionamentos mentais e influencia de maneira determinante o nosso comportamento e a nossa maneira de "sentir" o mundo e os outros. Isto se torna mais evidente quando nos deparamos com comportamentos ou sensações que irrompem sem uma aparente explicação em nossa vida ou naquela dos outros, no trabalho, na família, na escola, na vida amorosa etc.

Se uma total alienação do nosso mundo inconsciente nos deixa à mercê dos funcionamentos neuróticos, um mergulho "desprotegido" no nosso mundo interno poderia nos aprisionar para sempre no labirinto de nossos núcleos psicóticos. Os sonhos têm a função de estabelecer um equilíbrio saudável, permitindo um acesso "protegido" ao nosso mundo inconsciente. Com muita habilidade, a nossa mente "representa" no sonho, através de imagens e de memórias emocionais e sensitivas, o que está se passando no nosso inconsciente. Existe, contudo, um "disfarce" que tem a função de "burlar" as defesas que, mesmo durante o sono, ficam em estado de alerta, mas de forma muito mais branda que durante o tempo em que estamos acordados. É justamente o disfarce que torna os sonhos enigmáticos e difíceis de serem interpretados.

Nas livrarias encontram-se até manuais e dicionários para facilitar a interpretação dos sonhos. Não creio, contudo, que essas publicações sejam de grande utilidade, pois, fora do contexto de uma análise e sem a ajuda de um profissional qualificado, fica muito difícil interpretar os próprios sonhos, justamente por causa das defesas que a nossa consciência ergue e por causa do trabalho de disfarce que o inconsciente opera. Sem contar a tendência de "manipular" os sonhos, vendo neles premonições sobre o futuro, ou confirmações para a tomada de decisões.

JOVEM "TRAVADO"

Tenho 21 anos. Até hoje não consegui namorar. Sou muito tímido. Ensaio palavras, tento imaginar elogios para alguma garota que me atrai, mas, quando estou perto dela, tudo "trava" em mim. Em casa tenho um bom relacionamento com meus pais, irmãos e irmãs, mas fora de casa não consigo expressar meus sentimentos, não só em relação às mulheres. No trabalho, na igreja e até nas "baladas", não consigo colocar para fora o que penso e o que sinto. Como o senhor pode me ajudar?

A pergunta aponta para um tipo de timidez que se manifesta especialmente "fora de casa". Algumas pessoas conseguem expressar seus sentimentos e serem elas mesmas em casa, mas, assim que saem do ambiente familiar, se sentem "travadas". É como se o mundo fora das quatro paredes de casa fosse sentido de maneira ameaçadora. Os pensamentos não fluem, faltam as palavras, os gestos tornam-se desengonçados. A pessoa é dominada pela ansiedade que a impede de se expressar espontaneamente. A ansiedade é um sentimento ligado ao medo. Trata-se, portanto, de um estado emocional que pode ser associado a um sentimento de insegurança. Mas por que em casa a pessoa se sente segura e fora de casa não? Provavelmente, isto é devido à maneira como o mundo foi percebido nas primeiras relações com o ambiente externo.

Quando a criança começa a dar os primeiros passos no seu desenvolvimento e a enfrentar o mundo externo, interagindo com ele, para alguns pais começa um tormento muito grande, pois eles têm a impressão de que a criança está constantemente ameaçada por algum perigo. Sua presença se torna tão asfixiante que acabam frustrando a sua espontaneidade. A ansiedade dos pais, nesses casos, é assimilada de forma inconsciente pela criança, que também fica ansiosa, desenvolvendo uma sensação de medo toda vez que é forçada a se relacionar com o mundo externo.

A adolescência é o momento em que a maioria dos jovens ensaia se "separar" dos pais e da superproteção que resulta de suas ansiedades. Muitas vezes os jovens se expõem a perigos justamente para provar a si mesmos que podem "lidar" com o mundo à revelia da ansiedade de seus pais. Isto pode até provocar atitudes radicais, consideradas pelos adultos como "irresponsáveis". Provavelmente, se eles lembrarem de sua adolescência, descobrirão que agiram da mesma forma. De qualquer maneira, esta é uma fase necessária, embora possa trazer riscos e muita dor de cabeça para os pais.

Nas sociedades primitivas (entre os índios brasileiros, por exemplo), existem os ritos de iniciação, que visam proporcionar a passagem do mundo da infância ao mundo adulto. Tais rituais costumam submeter os jovens a provações dolorosas (enfrentar a dor física, a solidão e a sobrevivência na floresta, caçar algum animal selvagem etc.), para ajudá-los a vencer o medo e desenvolver a autoconfiança. Em nossa sociedade, faltam tais rituais. Até o serviço militar, antes considerado como uma espécie de iniciação, acaba não sendo mais uma experiência comum. O que sobrou é a entrada na faculdade, no mundo do trabalho, tirar a carteira de motorista, ir morar numa república, viajar sozinho e, para os mais afortunados, passar um período de tempo no exterior. Seja como for, é importante que o jovem desenvolva alguma experiência em que possa "testar" sua autonomia e seu senso de responsabilidade.

Por se tratar de sentimentos que habitam o inconsciente, não é fácil vencer medos e ansiedades, mas enfrentar algumas situações desafiadoras, inclusive praticando algum esporte, poderá ajudá-lo a desenvolver uma maior confiança em si mesmo e no mundo.

JOVENS BÁRBAROS

Diante dos episódios de barbárie protagonizados por adolescentes de "boa família", é inevitável que perguntemos: "Meu filho poderia chegar a fazer algo assim?". Como podemos ter certeza de que o filho que conhecemos em casa é o mesmo quando está com os amigos na rua?

Acho que nenhum pai e nenhuma mãe imaginariam seu próprio filho andando por aí, tocando fogo em mendigos, espancando empregadas domésticas, prostitutas ou "bichas". Como imaginar que aquele menininho que a gente segurou no colo poderia se transformar em um monstro? Provavelmente, os pais dos jovens delinquentes que protagonizam tais atos de barbárie dificilmente poderiam imaginar seus filhos cometendo um crime.

Anos atrás, em Brasília, um índio foi queimado vivo por jovens de "boa família", um deles filho de um juiz. Hoje, o jovem em questão está solto por aí e se tornou um funcionário público. Tudo de acordo com a lei, naturalmente... Com certeza, a expressão *dura lex, sed lex* (lei dura, porém lei), usada pelos latinos, não se aplica ao nosso contexto. Acredito que essa seja uma das causas desses comportamentos perversos, totalmente destituídos de qualquer respeito à lei. O que é pior, havia jovens estudantes de direito no grupinho que espancou a empregada doméstica. A lei representa a figura do

Pai castrador do desejo perverso, do desejo que manipula onipotentemente a realidade, constituindo-se em único juiz de seus próprios atos. Fracasso da família, fracasso da sociedade. Se estudantes de direito têm essa concepção das leis e da ordem, o nosso futuro será, sem dúvida, sombrio.

Por outro lado, não há dúvidas que o comportamento do indivíduo muda quando ele se agrupa com outros indivíduos com os quais compartilha algum tipo de afinidade. O pertencer a um grupo, a uma turma, traz ao jovem uma sensação de força e até de onipotência. As leis do grupo se sobrepõem e, às vezes, se opõem às leis do contexto social mais amplo, podendo determinar comportamentos que visam criar e manter uma sensação de diferenciação em relação à sociedade como um todo. Mas, então, de que adianta educar nossos filhos se depois eles ficam à mercê do grupo do qual participam?

Cabe perguntar-nos se tais comportamentos são realmente imprevisíveis, ou se os pais teriam como detectá-los antes que se manifestem de forma mais grave. Em primeiro lugar, vale a pena frisar que cada um se identifica com determinados grupos de pessoas a partir de seu mundo interno. O processo educativo, ou seja, as interações com o ambiente familiar e escolar, forma, em conjunto com as características psíquicas do indivíduo, sua estrutura de personalidade e seus "valores". Baseado em seu mundo interno, o indivíduo, através de processo de identificação projetiva, agrupa-se com pessoas que de alguma forma respondem às características de seu mundo interno, incluindo os processos inconscientes que o caracterizam.

Comportamentos antissociais, embora influenciados pelo grupo, têm uma raiz na própria estrutura pessoal do indivíduo. A "surpresa" dos pais, diante de determinadas atitudes dos filhos, na maioria dos casos, denuncia um desconhecimento do filho e uma falta de diálogo em família. Sem contar que provavelmente também denuncia comportamentos igualmente "perversos" (no sentido psíquico) absorvidos no convívio com o meio familiar e escolar, onde predomina a absoluta falta de limites.

A forma como na família e na escola são tratados os "diferentes", os mais pobres e os excluídos determina a forma como o jovem no futuro tratará as pessoas que o rodeiam. Isto não se improvisa, é fruto de anos de imersão no meio. Por outro lado, assistimos a uma excessiva democratização da escola, em que os processos educativos foram substituídos por relações comerciais baseadas na satisfação do "cliente". O professor deixa de ser o educador e é interpelado por pais e alunos como se fosse um mero prestador de serviços, destituído de toda e qualquer autoridade.

Um ambiente familiar aberto ao diálogo e, ao mesmo tempo, capaz de impor limites favorece a troca e permite aos pais detectar aspectos do mundo interno dos filhos. Se algum aspecto apresenta-se como chocante, vale a pena discuti-lo. Antes, porém, os pais deverão pensar até que ponto o que causa horror nos filhos não é na realidade uma parte deles mesmos, reprimida e, portanto, difícil de ser "pensada".

EM CASA SOU DIFERENTE

Na rua sou de um jeito, em casa me transformo. Com os meus amigos e colegas sou uma pessoa serena, amável, divertida, porém, quando estou em casa, fico estressada, de mau humor e discutindo com todos por assuntos banais. Tento ser diferente, mas não consigo. Preciso de alguma orientação.

É bastante comum que um jovem experimente alguma diferença de comportamento em casa e fora de casa. Na situação relatada na carta, parece tratar-se de duas personalidades diferentes: uma delas, em casa, é irritadiça, mal-humorada e fechada, enquanto a outra, fora de casa, é legal, comunicativa, de bem com a vida.

Por que, justamente em casa, com as pessoas que deveriam ser as mais importantes do ponto de vista emocional, o comportamento é tão agressivo? Em primeiro lugar é importante perceber que é justamente quando existe um vínculo afetivo importante com alguém que a relação é marcada por uma boa dose de ambiguidade. O grau de expectativas em relação aos que amamos é sempre maior e raramente as pessoas correspondem ao que esperamos delas.

A agressividade, contrariamente ao que parece, não manifesta um distanciamento afetivo ou, pior ainda, um desinteresse, e sim justamente o contrário; manifesta que existe um vínculo e que ele é importante e tão forte que é capaz de despertar muita raiva quando não é percebido como adequado. A verdade é que só ficamos com raiva daqueles que são revestidos de alguma importância do ponto de vista emocional.

Mas por que a raiva? Os motivos podem ser variados. Mesmo quando os pais agem adequadamente, o filho tende a sentir o vínculo com eles como algo difícil, opressivo, pesado. O jovem de fato "precisa" se distanciar dos pais do ponto de vista psíquico, para alcançar a sua autonomia. Às vezes, a forma mais fácil para conseguir o distanciamento psíquico é através do distanciamento físico, vivendo o menos possível em casa e dedicando mais tempo aos amigos e às atividades fora de casa. Naturalmente, isto costuma acontecer com mais frequência quando os pais não entendem a necessidade de autonomia do jovem.

Esse distanciamento costuma ser difícil para os pais. Nem sempre eles estão suficientemente amadurecidos e equilibrados do ponto de vista emocional para aceitá-lo. É normal que surjam conflitos e desentendimentos. Os pais, por se sentirem preteridos, deixados de lado (a frase "você está fazendo de sua casa um hotel" é típica); e o filho, por se sentir preso, controlado, invadido e incompreendido.

Como sair dessa situação? Quanto mais as necessidades afetivas de cada um se tornam conscientes, mais será fácil lidar com elas. É necessário que os pais percebam o quanto, às vezes, se comportam como crianças carentes com os filhos. Por outro lado, é necessário que o filho perceba que nem sempre sua autonomia está realmente ameaçada quando os pais manifestam algum desejo que o obriga a dedicar um tempo à família ou às coisas de casa.

Outro aspecto importante é que a busca da autonomia não envolve apenas os momentos prazerosos da vida, e sim a vida como um todo. O jovem pode reivindicar sua autonomia quando demonstrou ser responsável, assumindo as consequências dos seus atos. É necessário que ele perceba também as necessidades dos outros e saiba respeitá-las. Nem sempre, porém, é o que acontece. O jovem costuma ficar "regredido" em alguns aspectos, nos quais continua agindo como uma criança, exigindo que os pais cuidem dele como quando era pequeno. Fazer a cama, arrumar o quarto, lavar a louça, participar das preocupações econômicas da família, ajudar no abastecimento da casa também são maneiras de desenvolver um grau maior de autonomia. Um jovem que exige autonomia em relação aos pais, mas que não estuda e/ou trabalha e não está minimamente preocupado em ajudar como for possível em casa, é apenas uma criança mimada e como tal deverá ser tratado.

O MEDO

Cresci escutando dos meus pais que não era para eu ter medo das coisas e ser sempre forte diante das dificuldades e dos problemas. Estou com mais de 40 anos e venho escutando e lendo por aí que o medo é normal e é até "bom". Isto é verdade?

O medo exerce uma função importante em nossa vida. Sem o medo não saberíamos quando uma situação perigosa nos ameaça. Já imaginou se não tivéssemos medo ao atravessar uma avenida movimentada? Seríamos atropelados na primeira ocasião. O medo em si, portanto, é necessário. Os problemas surgem, não por causa do medo, e sim por causa da reação que nós temos diante do medo. Um animal acuado pode se tornar extremamente feroz e, assim, afugentar seus inimigos, ou então pode ficar apavorado e ser devorado por eles.

Há ainda a possibilidade de vivermos situações em que o medo é aparentemente "injustificado". Normalmente, a síndrome do pânico tem essa característica. Contudo a análise desses casos acaba nos mostrando que existe de fato um medo "real" nessas pessoas, que se disfarça sob a aparência de situações que aparentemente não têm nada de assustador. O que acontece é que essas situações, de alguma forma, remetem a situações internas da pessoa que são para ela extremamente assustadoras. O medo, internamente relacionado a essas memórias e sensações emocionais, é então projetado para alguma situação externa. Se, por exemplo, uma pessoa teve durante toda a vida a sensação de que os outros – sobretudo as pessoas mais próximas e relevantes do ponto de vista emocional – a "aprisionavam", por se ver à mercê do que exigiam dela, poderá se sentir aprisionada se souber que as portas estão fechadas ou de difícil acesso (num ônibus, num avião, num cinema, num túnel etc.). A síndrome do pânico, em sua forma aguda, é acompanhada de sintomas físicos, tais como falta de ar, palpitações cardíacas, sensação de estar morrendo etc.

O medo é uma sensação e, como tal, não pode ser "ignorado". Pedir a alguém para "não sentir" medo é tão absurdo como pedir a alguém que se queimou para não sentir dor. O problema é o que fazemos com o que sentimos. Diante do medo, podemos ficar paralisados, acanhados, encolhidos num canto, ou então partir para o ataque, enfrentando o perigo da melhor forma possível. Ser forte não quer dizer não sentir medo. Quer dizer saber reagir diante do medo. A sabedoria, a temperança e a prudência, que são as outras três virtudes apregoadas pelo cristianismo, terão a função de nos orientar para tomarmos a decisão certa.

O problema é que nem sempre tudo funciona de forma tão tranquila. Nem sempre temos o controle de nossas reações, nem sempre temos acesso à possibilidade de "pensar" antes de agir. Podem de fato existir situações no nosso mundo interno que, por sua carga emocional negativa, não podem ser "pensadas". Esses pensamentos "não pensados" circulam no nosso inconsciente como objetos estranhos. Um famoso psicanalista inglês, Bion, chamava-os de "objetos bizarros".

A tendência é expulsarmos esses objetos para fora, projetando-os em alguma situação ou pessoa, onde eles podem ser expurgados, criando um alívio momentâneo para o psiquismo. O medo pode adquirir a forma desses objetos bizarros e ser projetado para fora, revestindo situações e pessoas. É o que acontece com as fobias (medo de lugar fechado, medo de multidão, medo de animais etc.) e, de forma mais aguda, com as alucinações (ver algo que não existe) e com as ilusões (ver algo que existe como se fosse outra coisa, como no caso de um objeto que se transforma em outro).

O OLHAR INTERNO

Sou solteira, tenho 46 anos e ainda moro com meus pais por estar desempregada. Meu namorado é quinze anos mais novo do que eu e, às vezes, penso que ele está comigo porque quer alguém para passar o tempo. Sou madura o suficiente para saber o que quero, mas me sinto frágil e incapaz de dar novo rumo à minha vida.

Li e reli sua pergunta algumas vezes, tentando entender o estado de ânimo que se esconde por trás de suas palavras. Ao se apresentar, o primeiro termo escolhido foi "solteira". A prioridade dada a essa "qualificação" provavelmente seja também o indício de que essa é uma "situação" que a incomoda, por remetê-la ao fato de ainda "não ser" casada aos 46 anos. Com exceção do fato de "ser" madura, todas as outras características escolhidas para descrevê-la remetem mais a uma sensação de "não ser" do que de "ser". "Ainda" mora com seus pais, o que significa que há certa frustração por não ter uma vida própria. O fato de estar "sem" emprego remete, também, a uma "falta". O namorado a teria escolhido unicamente "para passar o tempo". Embora se considere "madura", sente-se frágil e insegura.

Tudo isso parece ser o indício de um olhar interno sobre si mesma que a remete a uma dolorosa sensação de esvaziamento, de falta de sentido. O olhar interno é muito importante, porque é a forma como nos olhamos que nos faz "ser" de uma forma ou de outra. Isto não significa que esse seja realmente o nosso ser, mas é como nos percebemos que nos faz sentir dessa ou daquela maneira. Naturalmente, a forma como nos sentimos influencia também a forma como os outros nos veem, pois a forma como nos sentimos é a forma como nos apresentamos aos outros. O nosso olhar interno, de fato, é projetado para fora, em nossas atitudes, palavras, gestos, até na forma de caminhar.

O olhar interno é geralmente um reflexo do "olhar" dos pais. Uma estrutura interna muito rígida dos pais pode fazer com que se crie uma estrutura de cobrança interna nos filhos que remete a um "ideal" inalcançável, diante do qual eles se sentem sempre "em falta". Trata-se de uma conformação psíquica que faz com que a pessoa se torne pessimista, dura, depressiva, pouco afetiva. O discurso remete constantemente ao que falta, àquilo que não está bom.

Quando um dos pais, sobretudo a mãe, projeta esse olhar sobre o filho, ele vai se sentir "para baixo", inadequado, inseguro. Na realidade, trata-se de uma estrutura psíquica muito mais frequente do que se pensa, embora nem sempre apareça de uma forma tão explícita. Quando um dos pais é "dominado" por uma estrutura psíquica desse tipo, de fundo melancólico, o(a) filho(a) dificilmente conseguirá enxergar suas qualidades e valorizá-las. Por outro lado, não é fácil mudar esse olhar "interno" que se expressa na forma como nos vemos, como nos descrevemos, como falamos.

Certamente, existem características suas que são importantes e que a diferenciam de qualquer outro ser humano. Prove pensar nisso. Tente fazer uma lista, eventualmente escrevê-las em um papel. Se o seu namorado, quinze anos mais jovem, está com você, certamente é porque viu algo de bom, não é verdade? Quem sabe ele mesmo possa ajudá-la a se descrever de outra forma.

O MUNDO NÃO GIRA EM TORNO DO NOSSO UMBIGO

Gostaria de saber por que temos tanta dificuldade em aceitar que o mundo não gira "em torno do nosso umbigo", ou seja, por que as coisas não acontecem de acordo com a nossa vontade.

De fato, o mundo não gira em torno do nosso umbigo. Esta é uma descoberta fundamental para a constituição do nosso psiquismo e para o nosso amadurecimento emocional. Talvez alguns leitores possam se surpreender com a pergunta e achar que não faz sentido, já que é "evidente" que nós não somos o centro do mundo. No entanto, faz sentido sim, pois, embora a nossa razão nos diga que não somos o centro do universo, do ponto de vista emocional é muito difícil aceitar que as coisas não aconteçam exatamente de acordo com a nossa vontade.

Como lidar com os nossos núcleos narcísicos? Por que aquela garota que eu amo sequer olha para mim? Por que não consigo realizar meus desejos, comprar uma casa, ganhar na loteria, tornar-me uma pessoa importante? Por que devo sempre me adaptar aos outros? Por que não posso ter tudo o que eu quero, agir do meu jeito, sem ter de respeitar normas e leis impostas pela sociedade?

A humanidade demorou milhares de anos para descobrir que a terra não era o centro do universo. Copérnico, enfrentando a incredulidade geral e seus opositores, derrubou a tese defendida desde a antiguidade por Ptolomeu e demonstrou que a terra era um pequeno planeta perdido na imensidão do cosmo. Também para nós não é fácil admitir que somos apenas um pequeno planeta perdido na imensidão do universo humano. A forma como o bebê se aproxima dessa descoberta é muito sofisticada e, somente com o decorrer dos anos, ela poderá ser confirmada e integrada pelo psiquismo de forma gradual.

Resta o fato de que não somos o centro do universo e que nem sempre as coisas acontecem de acordo com a nossa vontade. Se forçarmos a barra, a situação pode piorar para o nosso lado. Como lidar com essa frustração? Tudo o que diz respeito à vida psíquica remete a um problema de equilíbrio. Neste caso, não podemos fazer tudo o que queremos sob pena de sermos "banidos" do convívio social e, ao mesmo tempo, também não podemos "banir" completamente nossos desejos, sobretudo quando eles provêm de necessidades legítimas. Entre nos tornarmos psicopatas paranoicos ou seres deprimidos sem vontade própria, há um terceiro caminho.

Não abrir mão de nossos sonhos é a condição para sermos felizes. Às vezes, os sonhos não se realizam exatamente como prevíamos ou desejávamos, mas o importante é não abrir mão deles. A realidade vai "retocando" nossos sonhos, mas isso não quer dizer que eles não devam ser sonhados e perseguidos. Aliás, frequentemente a vida nos ensina que os sonhos "retocados" pela realidade se tornam ainda melhores dos que sonhamos no íntimo de nossa mente. De qualquer forma é importante poder sonhar. Inicialmente, o sonho é construído apenas dentro de nós, olhando para o nosso umbigo. A realidade costuma cedo ou tarde responder à nossa capacidade de sonhar. O sonho sonhado aparece então lá fora, no mundo real, como algo possível. Será então necessário ir em busca dele, arriscar-se, pôr todas as nossas energias e capacidades a seu serviço, para que ele se realize.

SÍNDROME DO PÂNICO

Recentemente passei por duas situações nas quais tive muito medo de morrer. Uma das consequências dessa experiência é que agora tenho medo de ficar num lugar fechado e escuro. Às vezes, em casa, passo pela mesma angústia quando vou dormir. Nunca tive esse problema e não sei bem como lidar com isso.

É muito comum ouvir falar em crise do pânico. Trata-se de um termo genérico para indicar uma série de sintomas que podem envolver situações psíquicas bastante diferenciadas. Sua carta é um exemplo disso. A manifestação sintomática do pânico parece ser atribuída a duas experiências traumáticas. Existe, contudo, a possibilidade de que as próprias experiências traumáticas já sejam fruto de uma neurose mais profunda.

Nem sempre crises que envolvem falta de ar e sensações de morte têm origem física (isto não dispensa que o médico seja consultado). Em alguns casos, são expressão de transtornos emocionais que, à primeira vista, dificilmente podem ser identificados, pois os mecanismos que os causam são inteiramente inconscientes. A falta de ar pode estar associada a crises de angústia, fruto de um estado ansioso que se instala a partir do inconsciente. A ansiedade é um estado de excitação que acompanha uma situação de perigo. A respiração é imediatamente afetada, ficando ofegante e irregular, e pode ser acompanhada por uma sensação de sufocamento.

Geralmente, o surgimento das crises é associado a alguma causa imediata: tal como ambientes fechados (quartos, avião etc.), espaços pequenos com muitas pessoas abarrotadas (elevador, condução lotada etc.), ou espaços abertos e barulhentos. Trata-se do que chamamos de claustrofobia, ou o seu oposto, a agorafobia. Em todas essas situações, o ambiente externo é sentido como ameaçador. Na realidade, porém, a ameaça provém de fatores internos que, por não poderem ser acessados pela consciência, são "representados" de forma sintomática em situações externas.

O sintoma cumpre a importante função de "comunicar" algo que não pode ser revelado. Para esse fim, utiliza-se de uma situação que reproduz de forma simbólica a sensação interna. Desta forma, o sintoma consegue burlar os mecanismos de censura que bloqueiam a consciência. Tais mecanismos entram em ação cada vez que determinadas situações se tornam muito intensas do ponto de vista emocional. Estas situações, por trazerem sensações dolorosas, ou por serem percebidas como ambíguas e ameaçadoras, são barradas. Para resgatá-las, existem dois caminhos privilegiados que facilitam o acesso ao inconsciente: os sonhos e a análise.

Sozinhos, dificilmente conseguimos ter acesso às causas profundas que se manifestam sob forma de sintomas psicossomáticos como aqueles acima apontados. Geralmente, é necessária a ajuda de um profissional treinado para "escutar" o discurso velado do inconsciente que se esconde por trás dos sintomas, dos sonhos e da fala do paciente. Quando os sintomas se tornam tão intensos, a ponto de "atrapalhar" nossas relações e nossa vida no dia a dia, é porque chegou o momento de "prestar atenção" ao que está acontecendo. Nestes casos é vivamente aconselhável uma boa terapia, atendendo aos pedidos de ajuda que o sintoma está lançando.

O PERDÃO

Há oito anos faleceu uma tia. Ela teve câncer no cérebro e, durante a evolução da doença, descobrimos que o marido e o filho, na época com 18 anos, tratavam-na muito mal. No meio desse sofrimento todo, eles aproveitaram e se apossaram de tudo que era de minha tia, inclusive contraindo dívidas no nome dela. Minha mãe não consegue perdoar meu primo e relutou esses anos todos em ter qualquer tipo de contato com ele. Sinto-me desconfortável com isso tudo, pois não acho que isso faça bem a ninguém. O que fazer?

A situação parece-me bastante complexa. Em primeiro lugar, é importante, do ponto de vista psicológico, que a realidade possa ser reconhecida. Às vezes associamos o perdão à possibilidade de "esquecer", como se fosse possível "apagar" de nossa mente os conteúdos indesejáveis. Sabemos que isso é impossível, pois, embora certos conteúdos possam ser removidos de nossa consciência, eles continuam ativos, do ponto de vista emocional, no nosso inconsciente. A realidade, portanto, deve ser acolhida, assim como devem ser acolhidos os sentimentos que ela desperta, mesmo que não sejam tão "nobres" assim.

O primeiro passo é admitir nossa raiva e tentar descobrir o que de fato a provocou. Estou falando de "realidade", porque tudo isso é real para as pessoas envolvidas, embora a realidade em si sempre escape à nossa compreensão, pois a maneira como nós "concebemos" o real é subjetiva. A realidade é concebida a partir do nosso mundo interno. Eis por que não podemos "julgar" os outros. Não sabemos de fato como a mesma "realidade" é por eles concebida, a partir do mundo interno deles.

No caso de uma doença como o câncer, os familiares são obrigados a lidar com uma realidade adversa, que desperta sentimentos ambíguos. Por se tratar de uma doença terminal, nos faz sentir impotentes e angustiados diante da dor e da inevitabilidade da morte. Este sentimento gera raiva no plano inconsciente e a raiva gera culpa. Tais sentimentos muito intensos, por não serem suportados pelo inconsciente, tendem a ser projetados para fora. É normal, nesses casos, achar que quem cuida da pessoa que amamos a faça mal. É uma forma de "projetar" nela a raiva, a culpa e o sentimento de impotência que nos afligem.

No caso descrito acima, parece que os maus-tratos ocorreram. O paciente terminal pode de fato despertar sentimentos aversivos em quem cuida dele, pelo mesmo processo de projeção descrito acima. Isto naturalmente não justifica os maus-tratos, mas explica-os, permitindo compreender um pouco melhor a situação emocional das pessoas que cuidam dele. Da mesma forma, é possível também que os maus-tratos tenham sido percebidos de forma "ampliada" pelos processos projetivos dos demais parentes que não estavam cuidando do doente no dia a dia. Nem sempre as coisas são como parecem ser e, tampouco, as pessoas são como parecem ser.

Quando ocorrem discussões sem fim, que levam à violência verbal e às ameaças, é porque não é possível, de ambas as partes, escutar o outro e entendê-lo. O outro já é condenado antes mesmo que possa se explicar. Isto ocorre normalmente quando não somos capazes de compreender e acolher nossos próprios sentimentos e emoções. Provavelmente, sua mãe seja vítima desses processos internos, que não podem ser assimilados por ela. O que pode ajudar é fazer com que fale sobre o assunto, livremente, sem ser interrompida, para que ela mesma possa "se escutar" e *digerir* os fatos aos poucos.

PERVERSÃO

O que significa perversão no sentido psicológico?
Tem algo a ver com a loucura?

Quando falamos em perversão, do ponto de vista psicológico, não estamos emitindo nenhum juízo sobre o caráter moral da pessoa. Freud considerava a perversão como um tipo de funcionamento psíquico que, por algumas características, estaria mais próximo da psicose (loucura) que da neurose.

Os sintomas que caracterizam essa síndrome, contudo, não têm a mesma intensidade da psicose. Quem já teve a oportunidade de se relacionar com um psicótico sabe o quanto é difícil para ele estabelecer vínculos. A dificuldade não abrange apenas as relações pessoais, mas também as relações com o mundo externo em geral. Ambos são negados e rejeitados. Fantasia e realidade estão sempre intimamente relacionadas na mente do psicótico, que tem muita dificuldade em separar uma da outra.

As fantasias podem chegar a tamanha intensidade que podem criar imagens, sons ou outras percepções sensoriais que são percebidas como reais, embora existam apenas na mente do psicótico. É o que chamamos de alucinação. Tramas conspiratórias são criadas com riqueza de detalhes e se tornam absolutamente "reais" e fazem com que o psicótico se veja à mercê de inimigos imaginários e perigosos (paranoia).

A intensidade da relação com o mundo interno faz com que dificilmente o psicótico aceite o "outro" e as exigências da realidade, a não ser que estejam em sintonia com algum aspecto do seu mundo interno. Por causa disso, discutir com um louco é absolutamente inútil, ele nunca mudará de posição.

O perverso tem também dificuldade de se relacionar com a realidade externa e com o outro, mas não chega a negar completamente o mundo externo e, tampouco, se fecha em seu mundo interno de forma radical. Aliás, ele pode até ser uma pessoa sedutora, aparentemente segura de si e com uma tendência a assumir a liderança.

O que caracteriza o perverso é a absoluta incapacidade de se "deslocar" psiquicamente para tentar ver as coisas a partir dos apelos do outro e do mundo externo.

Se a realidade não é negada, ao mesmo tempo ela não pode ser "acolhida". A única saída é tentar manipulá-la de maneira que esteja em sintonia com as necessidades internas do perverso.

Isto pode resultar em tentativas onipotentes de controle da realidade. Uma forma de o perverso exercer esse controle é exigir dos outros que se adaptem à sua vontade, por exemplo, cumprindo horários e rotinas por ele impostas, ou, então, uma "adesão" quase absoluta aos seus pontos de vista e aos seus desejos.

Embora o perverso aparente segurança e, às vezes, até certa arrogância, ele está lutando continuamente, dentro de si, para não entrar em colapso. Seu mundo interno é percebido como um grande vazio, dominado pela sensação de estar em uma prisão. A angústia beira o insuportável.

Ele nega a realidade porque, de alguma forma, foi "negado" no momento em que seu psiquismo estava se constituindo. O perverso, portanto, não se submete à realidade do outro pela necessidade de se "separar", de desfazer uma sensação interna de submissão inexorável a outro que o nega constantemente.

Estamos diante de um dos paradoxos mais dramáticos e dolorosos do mundo psíquico. O constante ataque ao outro faz com que o perverso se torne um paciente extremamente difícil, no caso dele se submeter a uma terapia. Trata-se, portanto, de uma síndrome que exige um terapeuta experiente e paciente.

O PSICOPATA

O que é a psicopatia e como se comporta um psicopata?

No trânsito, no trabalho, na vida amorosa ou na calada da noite, o psicopata pode estar à espreita. Sem falar da vida política, na qual parece que não faltam personagens com esse perfil. A palavra psicopatologia significa, etimologicamente, doença mental em sentido genérico, podendo indicar tanto as psicoses como as neuroses. No entanto, o termo acabou sendo usado para indicar um tipo particular de doença mental, parecida com os estados maníacos, de tipo *borderline* (nas fronteiras com a loucura), diagnosticada normalmente como sociopatia ou transtorno de personalidade antissocial (TPA).

À diferença do psicótico, o psicopata tem uma noção da realidade que ele manipula habilmente em prol dos seus propósitos. Estatisticamente, trata-se de uma síndrome que afeta cerca de 1% da população. Estudos efetuados na Grã-Bretanha mostraram que entre 50% e 80% da população carcerária sofre da doença.

Do ponto de vista psicanalítico, a síndrome está associada a um tipo exacerbado de "perversão" psíquica, um estado maníaco que resulta em um enfraquecimento dos mecanismos de censura do inconsciente (superego) e, por consequência, em uma fragilização do eu, ou seja, da consciência.

Trata-se de um transtorno de natureza geralmente crônica, cujo diagnóstico é extremamente difícil, pois o psicopata age aparentemente com normalidade, costuma ser amável e sedutor, mas é frio e calculista e mente descaradamente. Os primeiros sinais podem já estar presentes na infância, com uma tendência a manipular onipotentemente a realidade e os outros, mas é geralmente na adolescência que se torna mais evidente.

De acordo com as estatísticas, a síndrome atinge preferencialmente a população masculina e pode ter componentes genéticos, familiares (crianças que sofreram abandono, abuso, violência etc.), neurológicos e sociais. Vale a pena ressaltar que o sociopata costuma ter uma inteligência média. Alguns deles são extremamente inteligentes e dotados de uma capacidade de argumentação e de convencimento superior à média.

Do ponto de vista neurológico, o sociopata pode apresentar alterações no lobo frontal do cérebro (a parte do cérebro que controla os relacionamentos interpessoais) e nos circuitos neuronais que controlam as emoções.

Trata-se de uma doença em crescente aumento na sociedade atual, onde os vínculos afetivos com a família e a tradição se enfraqueceram, dando lugar a um vínculo não afetivo com padrões sociais de consumo e de sucesso.

O psicopata, controlado, cordial e sedutor, pode se tornar repentinamente agressivo, podendo chegar em alguns casos a cometer crimes violentos. A maioria, porém, contenta-se em burlar constantemente as normas, dedica-se a atividades fraudulentas, tendo a enganação e a mentira como elementos essenciais.

O tratamento do psicopata é extremamente difícil, pois ele não sente necessidade de ser tratado, não estabelece vínculo com o terapeuta (a quem tentará enganar de alguma forma) e não aprende com a experiência e com os próprios erros que tenderá a negar sistematicamente. O psicopata não sente culpa, nem remorso, e sempre tem uma explicação racional para seus atos

Dotado de um eu frágil, projeta fora de si, no ambiente externo, os aspectos negativos do seu mundo interno, fazendo com que o outro possa se sentir culpado de algo, sem saber exatamente do quê, ficando, assim, vulnerável às suas manipulações.

Algumas características podem ajudar a identificar esse tipo de transtorno. O psicopata tende à grandiosidade, é dotado de uma autoestima considerável e costuma ser charmoso e sedutor. Em contrapartida, tende a ser superficial e a não assumir a responsabilidade pelos seus atos. É extremamente narcísico, incapaz de empatia com os outros, costuma mentir com facilidade e tende a se tornar agressivo se for contrastado.

Abuso de droga, de bebida, jogo e vida desregulada tendem a acompanhar a psicopatia. Enfim, se é ruim ser um psicopata, pior é ter de conviver com um deles.

COMO LIDAR
COM PESSOAS AGRESSIVAS?

Tenho uma prima de 20 anos que é muito nervosa. Qualquer palavra dirigida a ela é motivo para "estourar" e iniciar uma discussão cheia de ofensas. Não foram poucas as vezes em que vi minha tia chorando por causa de suas palavras e gestos. Já me disseram que o silêncio é o melhor caminho, mas não consigo vislumbrar uma mudança por parte dela se ninguém falar nada. Há outros caminhos?

Lidar com pessoas "nervosas" não é fácil, sobretudo quando algum tipo de vínculo afetivo nos liga a elas. As reações quase sempre exageradas e "inexplicáveis" nos deixam confusos e transmitem uma sensação de mal-estar. Trata-se de sentimentos que encerram sensações opostas. O que as caracteriza é o fato delas surgirem de forma inesperada, acarretando surpresa e decepção, pois não era essa a reação "esperada". A culpa geralmente é uma das primeiras a aparecer: "Mas o que será que eu fiz?". O curioso é que nesses casos, na maioria das vezes, não fizemos nada de "errado". Por causa disso, a raiva é o sentimento que surge a seguir, pois nos sentimos injustamente agredidos e invadidos. A partir desse momento, as reações da vítima do ataque podem ser as mais variadas, de acordo com a sua maturidade emocional.

Para entender qual é a melhor forma de agir nessas circunstâncias, devemos antes tentar entender o que está se passando no outro. A fúria inesperada se origina a partir de núcleos de caráter psicótico. Todos, de fato, mesmo quando considerados "saudáveis" do ponto de vista psíquico, têm em si núcleos de tipo psicótico, assim como todo "louco" tem em si núcleos de caráter "neurótico", considerados mais próximos da "normalidade". A "normalidade" não é, portanto, uma conformação estável de nossa mente, mas um equilíbrio que advém da possibilidade de integrar aspectos opostos do nosso funcionamento psíquico.

O que "atormenta" a pessoa "nervosa" geralmente são fatores ligados ao seu mundo interno, mais do que situações advindas do mundo externo. Poderíamos dizer que ela está brigando com seus próprios fantasmas. Pode ser até que algo "lá fora" tenha "tirado os fantasmas do armário", mas o fato é que os fantasmas estavam lá bem guardados no inconsciente. Estes fantasmas são aspectos não integrados do psiquismo que são percebidos como "objetos indesejados", uma espécie de "lixo" psíquico que precisa ser despejado "lá fora".

O que fazer se o vizinho vive despejando o lixo na porta de casa? Ficar em silêncio? Voltar a despejar o lixo na porta da casa dele? Provavelmente, nem uma coisa, nem outra, mesmo porque, no nosso caso, estamos falando de funcionamentos inconscientes. Seria como se o vizinho despejasse o lixo na porta de casa em uma crise de sonambulismo. O certo é esperar que acorde e, depois, "mostrar" para ele o lixo que despejou na porta de nossa casa.

O problema, quando somos vítimas desse tipo de processos inconscientes do outro (identificações projetivas), é que eles mexem com o nosso mundo interno e com o nosso emocional. Nestes casos, fica difícil distinguir o que é nosso e o que é do outro. Um primeiro "trabalho" é poder conter nossas emoções, "separando-nos" do outro, para, a seguir (neste caso vale contar até dez mil), poder "devolver" para o outro o que é dele. Naturalmente, isto supõe que ele possa ter condições emocionais para aceitar nossa "devolução", sem que isso cause ataques cada vez mais intensos. A nossa salvação é que, mesmo a pessoa *nervosa*, na maioria das vezes (quando não está sofrendo de um surto psicótico), luta para não perder o afeto do outro. Este desejo poderá ajudá-la de alguma forma a "conter" sua agressividade.

A PREGUIÇA

Como podemos entender, do ponto de vista psicológico, o que é a preguiça? Ter preguiça é falta de caráter?

Em um mundo onde prevalece a obsessão pela produtividade, o preguiçoso parece não ter futuro. Sem contar que a preguiça é também um dos sete pecados capitais. Portanto, tanto a "ética" capitalista como a moral cristã condenam o preguiçoso como alguém inadequado, que não tem caráter.

Como se isso não bastasse, todos sabem que conviver com alguém preguiçoso é bastante difícil. Ele deixa tudo para depois, esquiva-se das tarefas, finge não perceber as situações em que precisamos da sua ajuda e tem sempre uma desculpa pronta para "cair fora" quando o assunto é trabalho. Isto naturalmente irrita profundamente quem está próximo.

Mas, antes, vamos distinguir a preguiça que bate de vez em quando, no fim de semana, nas férias, ou à noite, quando voltamos do trabalho, da preguiça crônica, aquela que traz uma total desmotivação para qualquer tipo de tarefa, a qualquer momento do dia. Se a primeira pode estar ligada ao cansaço e à necessidade saudável de desligar-nos temporariamente de nossas obrigações, a segunda tem um caráter mais complexo e doentio.

No primeiro caso, o ócio, antigamente condenado como o pai de todos os vícios, é hoje resgatado como algo positivo, quando proporciona momentos de pausa, em que podemos ficar a sós com nós mesmos e ter acesso ao nosso mundo interno e à nossa capacidade de "sonhar".

Mas não vamos nos iludir, até ser saudavelmente preguiçoso não é fácil. Embora exista hoje uma poderosa indústria voltada para o "lazer", os momentos de descanso são muitas vezes dominados por uma verdadeira neurose. Frases do tipo: "Como assim, você não viajou no feriado? Não foi para a praia? Não vai à academia?" pontuam os novos mandamentos, que tornam, até os momentos de lazer, um dever. Enfim, ser preguiçoso não é fácil. As chances de ser rejeitado são bastante altas, tanto no ambiente de trabalho como no ambiente familiar e social.

Do ponto de vista psicológico, a preguiça tem uma explicação. Podemos dizer que é uma forma de neurose, às vezes bastante grave. O que gera uma sensação constante de "cansaço" e desmotivação é a impossibilidade de sentir prazer ao dedicar-se a qualquer tarefa. Trata-se de um bloqueio interno.

Pois é, todos achamos que o preguiçoso só pensa em ter prazer, evitando o esforço, mas é exatamente o contrário. Ele não consegue ter prazer. Ele é dominado por uma doença de tipo "depressivo", que o impede de sentir prazer ao sair de si mesmo em direção ao mundo externo, para fazer uma atividade qualquer. As causas podem ser diferentes, mas o resultado é uma sensação de paralisia interna que impede qualquer atividade. Isto, naturalmente, no caso daquilo que pode ser definido como preguiça "crônica", que investe todas as áreas de atuação ou algumas delas, de forma permanente.

Quando a preguiça se manifesta de forma preocupante, por exemplo, no estudo ou no trabalho, devemos nos perguntar se o que estamos fazendo tem ou não a ver conosco. Aquilo que não é investido pelo desejo, somente pode ser investido pela vontade com um esforço enorme, que acaba "esgotando" nossa energia psíquica e nos levando à paralisação.

Isto não quer dizer que somente fazemos sem preguiça aquilo que nos dá um prazer imediato. Podemos também fazer algo que não é prazeroso, mas em função de algum desejo mais profundo, que realiza uma necessidade interna, como, por exemplo, cuidar de um doente que amamos.

Enfim, antes de rotular alguém de "sem caráter", temos mais uma vez de suspender nosso julgamento. No campo do humano é muito difícil generalizar e emitir qualquer juízo, pois estamos, frequentemente, diante de funcionamentos da mente extremamente complexos e misteriosos.

PARA ENTENDER O PSICÓTICO

O que é psicose?

Explicar determinados funcionamentos mentais não é fácil. Eles são paradoxais, complexos e dependem de inúmeras variações. Talvez um caso real permita-nos entender como funciona a psicose melhor do que uma apresentação teórica.

L. tinha 25 anos. Estava casada e esperava ansiosamente o nascimento do seu primeiro bebê. Uma menina, dizia ela para todos. Apesar do ultrassom detectar que o bebê era um menino, L. continuou acreditando que iria nascer uma menina. Comprava roupinhas cor de rosa, e o quartinho do bebê foi decorado pensando que quem iria nascer era uma menina.

Quando nasceu P., um lindo menino de quatro quilos, a angústia tomou conta de L. Ela passou a odiar o bebê, que foi submetido a maus-tratos, até se tornar necessário separá-lo da mãe e entregar sua guarda a outra pessoa.

Mais tarde, a terapia detectou que, para essa mulher totalmente aprisionada em suas fantasias inconscientes, o nascimento de um menino representava algo horrível, quase como se, ao acordar, o espelho deixasse de mostrar a imagem dela e mostrasse a imagem de um desconhecido.

A loucura leva a uma recusa do mundo externo, que é sentido como aversivo, inimigo, hostil. Isto comporta um fechamento, mais ou menos intenso, no próprio mundo interno.

O que vem de fora é sentido, muitas vezes, como invasivo e ameaçador. Os "pensamentos" se tornam obsessivos e opressivos. O mundo interno dessas pessoas é insuportável, fragmentado. Como se elas estivessem à mercê de sensações insuportáveis que precisam ser colocadas para fora, projetadas em pessoas, situações e objetos que são vistos pelo psicótico como elementos perigosos, sempre à espreita para surpreendê-lo e destruí-lo. O filho se tornou para L. um desses "objetos" que a ameaçavam. Por isso suas investidas violentas contra o bebê.

O mundo de L. era povoado de "monstros" que se arrastavam no chão e pelas paredes do quarto, mesmo depois do bebê ter sido retirado dela.

A intensidade dessas fantasias alucinatórias se intensifica com o passar do tempo. O psicótico fica à mercê do seu mundo interno, que torna o mundo externo ameaçador e "esquisito".

Um fenômeno interessante que caracterizava L. era seus "apagões". Quando o mundo externo se tornava particularmente insuportável, L. se desligava por completo, não reconhecia mais ninguém. Mãe, irmãos, marido, bebê tornavam-se desconhecidos. Podia vagar pela rua sem saber mais nada de si, nem seu nome, nem onde morava.

Certo dia, L. foi conduzida ao meu consultório nesse estado. Curiosamente, porém, reconheceu-me e perguntou-me como ela se chamava. Depois de dizer que o seu nome era L., expliquei que esse era um mecanismo de que ela precisava para se desligar quando as coisas se tornavam particularmente insuportáveis. Era uma espécie de relé que desligava a sua mente quando ficava sobrecarregada de tensão. O curioso é que, depois dessa explicação, L. não precisou mais se desligar.

Outro fato chamou minha atenção. Um ano depois de interromper a terapia, L. ficou grávida e teve outro bebê. Desta vez uma menina. Seu comportamento mudou totalmente, mostrando cuidado e afeto pela filha. Finalmente, ela pôde nascer... na filha.

Para concluir, gostaria de partilhar dois aspectos importantes que aprendi com meus pacientes psicóticos e que, creio, poderão ajudar quem tem algum ente querido nessa situação. Em primeiro lugar, tentando penetrar no mundo da psicose, dei-me conta de que esse tipo de doença condena as pessoas a uma solidão infinita. Tudo o que eles vivem, sentem, a forma como veem o mundo e tentam descrevê-lo não faz o menor sentido para os outros. Isto gera um senso de exclusão muito grande.

Também muitos confundem loucura com retardo mental. Uma coisa não tem nada a ver com a outra. Frequentemente os psicóticos são inteligentes. Alguns até ganharam prêmios e se destacaram no mundo da academia ou da arte. Geralmente, o psicótico percebe muito mais intensamente as coisas no plano inconsciente do que alguém "normal". Portanto nunca trate um psicótico como um deficiente mental, isto o magoa tremendamente.

REAÇÃO RETARDADA A UM ACIDENTE

Meu primo sofreu um acidente e quem o socorreu fui eu. Na hora, fiz tudo o que devia ser feito e ainda ajudei a minha tia. No dia seguinte, todas as vezes que contava para alguém sobre o acidente, eu chorava desesperadamente. Por que às vezes as reações surgem apenas depois dos fatos?

Quando ocorre uma situação traumática que envolve um choque emocional violento, como, por exemplo, no caso de um acidente ou de uma tragédia natural, as reações podem ser bastante diferentes.

Algumas pessoas ficam paralisadas, atordoadas, sem ação, totalmente incapazes de reagir à situação, se desligando completamente da realidade que as rodeia. Outros passam a agir com frieza, como se nada tivesse acontecido, cuidando meticulosamente das necessidades do momento. Outros ainda se entregam a um pranto desesperado, sem perder, contudo, a percepção da realidade e das necessidades do momento, que, por causa do estado emocional perturbado no qual se encontram, preferem delegar a quem os socorre.

Em primeiro lugar, gostaria de frisar que não existe uma forma "ideal" de reagir. Cada um enfrenta esses momentos como pode e deve ser respeitado na sua maneira de ser. Não adianta exigir que a pessoa reaja de outra forma. Na realidade, cada comportamento é uma reação de defesa, que visa estabelecer algum tipo de equilíbrio interno diante de um fato que se apresenta como ameaçador e emocionalmente insuportável.

Nossa mente não funciona de forma linear. O nosso equilíbrio psíquico se dá em uma constante busca que visa integrar dois polos. Por um lado, a necessidade de habitar nosso mundo interno, o que exige certo fechamento narcísico em nós mesmos e, por outro lado, a necessidade de ir ao encontro do mundo externo para satisfazer nossas necessidades internas e articulá-las com as exigências do meio. A reação ao perigo que provém de uma situação adversa responde à busca desse equilíbrio e varia com a tendência que a pessoa tem de privilegiar o seu mundo interno ou de viver mais voltada para o mundo externo. Pessoas mais introvertidas tendem a se isolar em maior ou menor grau e a fugir da realidade externa. As mais extrovertidas tendem a enfrentá-la.

Na realidade, não devemos estranhar que a busca do equilíbrio se dê inclusive através de uma passagem de um estado para o outro. É possível, de fato, que as três reações sejam vividas sucessivamente, em um espaço de tempo mais ou menos longo, com uma fixação maior em uma das reações no momento da tragédia e com a vivência de outras reações em outros momentos. A paralisia é a primeira reação ao choque emocional provocado por um acontecimento traumático. A reação seguinte é uma espécie de fuga da realidade, quase negando o acontecido. Finalmente, advém uma nova reação, que busca integrar os dois momentos anteriores. O fato traumático não é mais negado. O choro demonstra que agora pode ser acolhido, embora não haja mais um fechamento para a realidade e a sensação de paralisia e, tampouco, uma necessidade compulsiva de fugir, buscando coisas para fazer. É um sinal de que o processo de elaboração interna está seguindo o seu curso normal.

REAGIR OU FICAR QUIETO?

Que reação devemos ter quando somos humilhados em público? Devemos responder à altura, "para não levar desaforo para casa", ou ser comedidos e não entrar em desavenças?

Certamente, os leitores terão reações bastante diferentes diante desta pergunta. Para alguns, a resposta é clara: "Não devemos levar desaforo para casa". Para outros, a reação será oposta: "Eu ficaria na minha para evitar baixarias".

A que se deve esse posicionamento diferente diante de uma agressão? É uma questão de bondade, de educação, de conveniência (dependendo de quem nos está ofendendo), ou por trás disso existe também um "posicionamento" inconsciente que nos predispõe a reagir ou a engolir as ofensas?

A nossa postura acaba sendo influenciada por uma mistura de fatores que se confundem e se sobrepõem. Na realidade, podemos estar atribuindo, à bondade e à boa educação, escolhas que têm um pano de fundo inconsciente, que nada tem a ver com bondade e boa educação. Diante de uma ofensa, a primeira pergunta a que devemos responder é se nós "podemos" internamente reagir, habitar nossa raiva. Se isto não for possível, quer dizer que o nosso psiquismo vive algum tipo de subserviência, de submissão inconsciente ao outro. Ter raiva não é tão natural como parece. A raiva é um sentimento considerado "inferior" e inadequado na cultura ocidental cristã. Por causa disso, trata-se de um sentimento que é frequentemente banido e que acaba reaparecendo de forma sombria e aterrorizante, sob forma de manifestações de violência e de barbárie.

Algumas pessoas não conseguem ter raiva. A perspectiva de perder o "afeto" do outro, do grupo, é simplesmente insuportável do ponto de vista emocional. Para alguns tipos de psiquismo é muito difícil suportar a "separação". Tais pessoas sentem-se constantemente "à mercê" do outro e qualquer atitude que sinalize a possibilidade de se "separar" é sentida como fonte de extrema angústia. Nestes casos, a "decisão" de não reagir é inconsciente. Na realidade, não é uma decisão, e sim uma impossibilidade de reagir, o que inviabiliza qualquer decisão no plano consciente. Neste caso, portanto, as atitudes não refletem uma escolha pessoal, e sim uma falha psíquica. Infelizmente, são essas as vítimas mais prováveis das investidas agressivas do ambiente, pois sua "submissão" psíquica é subliminarmente percebida pelos outros. Isto favorece agressões de todo tipo, que são inconscientemente "autorizadas" pela vítima.

Da mesma forma, o inconsciente pode arrastar para uma reação raivosa desproporcional e inadequada. Isto acontece quando o mundo interno da pessoa é dominado por núcleos de caráter psicótico. Isto não quer dizer que essa pessoa seja louca, indica apenas uma preponderância de estados psíquicos ligados aos núcleos paranoicos que levam o sujeito a ver o mundo externo como aversivo, intrusivo e, portanto, perigoso. Geralmente, chamamos isso de pavio curto. Naturalmente, essas pessoas são menos susceptíveis à agressão do ambiente, pois, inconscientemente, o ambiente percebe a predisposição agressiva e tende a se conter.

Mas, então, onde ficam os valores da "bondade", do perdão e da boa educação? Estes são valores que nos levam para outro plano, aquele da consciência e da liberdade pessoal. Uma vez identificadas as reações emocionais inconscientes, podemos nos elevar para o plano das escolhas éticas, cuja possibilidade fica condicionada à percepção dos nossos processos inconscientes e à sua elaboração saudável. Diante de uma situação que gera constrangimento e nos ofende, uma vez habitado o sentimento de raiva, podemos tomar a decisão mais adequada.

Bondade e boa educação não excluem um posicionamento diante da injustiça de uma situação que nos oprime; ao contrário, autorizam-no plenamente.

PRISIONEIROS DA ROTINA

Tenho uma tia que vive excessivamente preocupada com suas tarefas diárias: casa, filhos, marido, contas para pagar etc. Percebo que, cada vez mais, ela está indo ao médico e alguns problemas de saúde estão aparecendo. Gostaria de ajudá-la, mas não sei como.

Tempo atrás, um dos meus pacientes constatava que, pela primeira vez, tinha percebido, vindo para o consultório, a beleza de algumas paisagens urbanas. De repente, ao percorrer o itinerário rotineiro, sentiu prazer ao olhar para as árvores, a praça, o verde da grama e as cores brilhantes das flores, que formavam um marco para a arquitetura arrojada dos prédios. Nada tinha mudado ao longo do seu itinerário; o que mudou foi o seu olhar interno. Nós podemos, de fato, "selecionar" o que estamos "vendo" a partir do que estamos olhando. O filtro responsável por essa seleção é o nosso inconsciente. De acordo com as nossas paisagens internas, as paisagens externas mudam, o sol pode desaparecer ou voltar a brilhar, o mundo pode parecer cinzento e monótono, ou então adquirir cor e vida.

A possibilidade de "encantar" o mundo surge na medida em que a relva da vida percorre o nosso corpo e a nossa mente. Essa energia vital, que Freud chamava de libido, pode de repente "encantar" a vida, torná-la atraente, prazerosa e digna de ser vivida, da mesma forma como a falta dessa energia pode esvaziar o nosso dia a dia. Quando isto ocorre ficamos escravos da rotina. A sequência das tarefas diárias é o único roteiro que nos é oferecido, o único rumo que pode ser encontrado na paisagem deserta de nossa alma.

Trata-se de um constante retorno ao mesmo, que, apesar de repetitivo e cansativo, oferece uma sensação de segurança e de dever cumprido.

O aprisionamento na rotina é um sinal importante de mal-estar psíquico. As repetidas idas ao médico, relatadas na sua pergunta, são um claro sinal de "adoecimento" que é muito mais psíquico que físico. Mas por que as pessoas não percebem que estão doentes e por que não buscam ajuda? Creio que uma possível resposta possa ser encontrada na maneira como a vida é apresentada e sentida no mundo onde vivemos.

Em uma sociedade marcada pela produção e pelo consumo, o importante parece ser produzir e consumir. A rotina se apresenta como uma espécie de roteiro ideal para esse filme que somos chamados a interpretar diariamente. É como se, cumprindo exatamente o que se espera de nós (ou seja produzir e consumir), tenhamos de fato cumprido o nosso papel no mundo, ocupado o nosso lugar e dado um sentido à nossa vida.

No entanto, para o psiquismo, tudo isso não passa de um filme escrito por outra pessoa que nada tem a ver conosco, com a nossa história pessoal. Ao interpretar esse "papel", a sensação é a mesma de estar vendo um filme sendo exibido na tela de nossa vida. É como estar assistindo à vida de outra pessoa. A possibilidade de "reencantar" a vida surge justamente no momento em que podemos habitar a nós mesmos, dando um sentido ao nosso "estar no mundo". Essa volta para si mesmo, no entanto, não é algo simples. Trata-se de um longo caminho de apropriação de si, do que nós realmente somos, de nossas necessidades, de nossos desejos. É uma possibilidade nova de se abrir para o prazer de viver. Um caminho que, geralmente, quando estamos adoecidos, não vamos conseguir trilhar sozinhos. Neste caso, recorrer a uma terapia é uma necessidade inadiável.

DIFICULDADE DE SE SENTIR "INCLUÍDA"

Desde criança, tenho dificuldades de me sentir "incluída" num grupo em qualquer lugar onde eu esteja. Este sentimento me traz certo desconforto, pois me impede, várias vezes, de me aproximar das pessoas. Como posso trabalhar essa questão?

Parafraseando o filósofo francês Sartre, poderíamos dizer que, para as pessoas que sofrem desse tipo de problema, os outros são o inferno. Um forte sentimento de insegurança abre caminho quando está em jogo a aceitação do outro. Comumente uma pessoa que age assim é tida como tímida. Ela se aproxima na ponta dos pés, temerosa de como o(s) outro(s) irá(ão) reagir. Será que vão me acolher? O que vão pensar de mim?

Por que é tão difícil mudar esse comportamento? Geralmente, não existem de fato razões específicas que justifiquem o sentimento de "exclusão". O medo surge antes mesmo de que qualquer contato com o outro aconteça. Este fato nos permite perceber que não se trata de sentimentos ligados a uma situação externa específica, a esse ou aquele grupo de pessoas, a essa ou aquela circunstância. O problema está ligado a algo que acontece no mundo interno da pessoa, no seu inconsciente. Uma intrincada rede de lembranças emocionais entra em ação naquele momento. Embora nada seja percebido pela nossa consciência, internamente está sendo projetado um filme, cujas cenas foram gravadas no passado, principalmente nos primeiros meses de vida. Se o bebê sentiu que a sua chegada não foi "autorizada" pelos pais, se ele não se sentiu "desejado", se ele não se sentiu "acolhido", tudo isso faz uma enorme diferença. Uma vez adulto, fica impossível desenvolver sentimentos de confiança em relação ao mundo externo.

Não existem "receitas" de fácil aplicação para aprender a lidar com esse tipo de problema emocional. Para que a pessoa possa desenvolver uma autorização interna que lhe permita pertencer a si mesma e aos outros é necessário um lento processo, que geralmente somente a terapia pode desencadear. Trata-se de tomar consciência de que os obstáculos são, sobretudo, internos. Naturalmente, isso se torna mais difícil quando o ambiente externo parece confirmar as experiências emocionais do passado, gravadas no inconsciente. Ou seja, quando de fato o ambiente externo, por alguma razão, manifesta algum tipo de rejeição, ou de ataque.

A "rejeição", contudo, nem sempre acontece por causa de quem é rejeitado. Às vezes, ela tem muito mais a ver com o mundo interno de quem rejeita do que com o próprio comportamento do rejeitado. Na realidade, quando duas pessoas estão uma na frente da outra, a cena é muito mais complexa do que nossos olhos podem perceber. O que nós vemos são duas pessoas frente à frente, vivendo uma determinada situação. O que de fato está acontecendo envolve duas pessoas que, ao viverem aquela determinada situação, trazem para a cena toda a complexidade dos mundos internos de cada um. Trata-se do encontro de dois mundos, profundamente diferentes e complexos. Mundos que a própria pessoa em geral desconhece. Embora não seja facilmente perceptível, o mundo interno de cada um está presente, com um peso muito maior que a própria situação.

A maneira como cada um percebe determinada situação é muito diferente, mesmo se ambos têm a impressão de ver a mesma coisa. Cada encontro com o outro envolve, portanto, uma alta complexidade psíquica, que é ainda maior quando se trata de um grupo. Penetrar essa complexidade é a difícil tarefa de uma análise pessoal.

TIMIDEZ EXCESSIVA

Considero-me uma pessoa muito tímida. Qualquer situação não habitual pela qual tenha de passar já é motivo para que eu fique ansioso, angustiado. Sinto que isso me prejudica muito, tanto na vida pessoal quanto profissional. Como combater esse vilão?

A timidez é um traço comum a muitas pessoas, embora o sofrimento que ela causa geralmente passe desapercebido para quem não tem de lidar com ela. Atender ao telefone, pedir uma informação na rua, encontrar pessoas desconhecidas, expor suas ideias em público, ou reclamar porque alguém furou a fila, são situações que causam uma angústia profunda em quem é tímido. Os outros, os que não são tímidos, geralmente não entendem o seu sofrimento e, o que é pior, ridicularizam o seu retraimento, fazendo-o sentir-se ainda mais acuado. Do ponto de vista psicológico, a timidez chega a causar um verdadeiro bloqueio, que impede a pessoa de tomar qualquer atitude. Diante de um mundo competitivo e violento, ser tímido é cada vez mais difícil e causa uma verdadeira sensação de exclusão. Para quem é tímido, hoje se torna difícil até conseguir um emprego e mantê-lo. Cursos do tipo: "Aprenda a falar em público" ou "Saiba como se portar numa entrevista" são cada vez mais comuns e atraem dezenas de pessoas com a promessa de torná-las mais desinibidas. Tudo isso pode ajudar de alguma forma a desenvolver uma estratégia de comunicação mais adequada, mas o verdadeiro sofrimento do tímido é algo profundo, que somente uma boa terapia pode resolver.

Mas, afinal, qual é o problema do tímido? O que causa sua timidez? Sua carta menciona o medo do desconhecido. É como se faltasse "criatividade" para enfrentar situações novas. A fonte de nossa criatividade está dentro de nós, mas o acesso a essa fonte não é garantido. A criança deve poder desenvolver a capacidade de criar o seu mundo interno, para ter acesso à sua criatividade. Todo ser humano tem em si o potencial para ser criativo, mas nem todos tiveram a chance de desenvolvê-lo. O ambiente externo tem uma função decisiva nesse sentido. Desde o momento do seu nascimento, o ser humano ensaia a sua capacidade de "criar". O bebê cria sua própria maneira de estar no mundo, que envolve uma maneira toda especial de brincar com a mãe. Se a mãe souber "brincar" com ele, "adaptando"-se às suas necessidades, tudo corre bem. Mas, se a mãe quiser que o bebê "brinque" a sua brincadeira, impondo sua rotina, marcada por suas necessidades e suas ansiedades, o bebê não vai aprender a brincar e sua capacidade de criar fica inibida. É uma forma de "educar" que impõe à criança uma "adaptação" constante ao ambiente externo, adaptação que ela vai aceitando por medo de perder o afeto das pessoas que para ela são mais importantes (pai e mãe). Daí a sensação de se sentir "preso" (o termo que foi usado em sua carta). Para essas pessoas, "estar no mundo" é sempre uma sensação muito sofrida, pois é como se o lugar delas não fosse algo tranquilo, garantido, mas fosse algo que deva ser constantemente conquistado, mediante uma dolorosa adaptação aos desejos do outro. Essa adaptação impede a pessoa de desenvolver uma maneira "própria" de ser. Sua existência não é "garantida"; para se sentirem existentes, essas pessoas precisam do olhar (benévolo) do outro. Se esse olhar falhar ou se tornar um olhar severo, impenetrável ou de reprovação, elas passam a se sentir aniquiladas em sua própria possibilidade de existir... Ser tímido é, portanto, um drama mais profundo do que podemos imaginar.

O TIQUE NERVOSO

Sou uma pessoa com muitos "tiques nervosos". Desde criança tenho isso. Fui crescendo e os "tiques" foram sumindo. Ultimamente, porém, eles voltaram e, conforme o período de muito trabalho e estresse, aparecem com muita força e constância. Será que isso é de fundo emocional ou físico? Tem alguma explicação psicológica para isso? Tem como eu me curar disso?

O tique nervoso é uma contração muscular involuntária de caráter compulsivo. Como a gagueira, o tique nervoso pode ter um fundo emocional. No seu relato, o reaparecimento dos tiques nervosos é associado a "um período de muito trabalho e estresse", e o surgimento deles, a situações emocionais difíceis vividas na infância (brigas domésticas, cobranças excessivas por parte dos pais etc.). O tique pode ser definido como um sintoma de caráter psicossomático, ou seja, uma manifestação corporal de um mal-estar que envolve o psiquismo.

Foram justamente fenômenos desse tipo, envolvendo manifestações físicas, que chamaram inicialmente atenção do pai da psicanálise, Sigmund Freud. Por ser médico, ele percebeu que a medicina não conseguia achar uma causa física para esses fenômenos que justificasse o seu surgimento e a forma como se manifestam. Hoje, poucos negam a existência do inconsciente e a maioria dos médicos reconhece a força do psiquismo diante desse tipo de fenômenos. Na época em que Freud vivia, porém, falar em inconsciente era algo novo e suspeito. Foram justamente os sintomas que as pacientes histéricas manifestavam (muitos de caráter somático – paralisia, perda da fala, dores corporais etc.) que permitiram constatar que atrás desses fenômenos existem conflitos de caráter emocional não percebidos pela consciência. Isto levou Freud a desenvolver uma determinada técnica terapêutica que se revelou eficaz para levar os pacientes a terem acesso a esses conflitos e a identificarem suas causas. Normalmente, o simples reconhecimento da existência do conflito diminui sua intensidade e faz com que, aos poucos, se alivie e deixe de usar o recurso da sumarização para se expressar.

Vamos tentar entender isso de forma mais fácil, usando as situações emocionais que sua carta aponta como possível causa de seus tiques. Uma criança que é sistematicamente exposta às brigas entre os pais, respirando o clima de agressividade e às "mensagens" negativas que o ambiente lhe proporciona, acaba se sentindo "indesejada" – mesmo que o motivo das brigas nada tenha a ver com ela – e "culpada", pois existe uma tendência natural da criança a atribuir a si a causa das brigas. Estas sensações trazem uma dor intensa que leva a criança a "reprimir" esses sentimentos.

Provavelmente, no seu caso, uma maneira encontrada para compensar esses sentimentos desagradáveis foi estudar muito, dar duro na vida, para conquistar o amor benevolente dos pais (e, mais tarde, das demais pessoas com quem se vincula afetivamente) e sua aceitação. Mas o conflito reprimido continua existindo no inconsciente, "represando" a energia psíquica a ele ligada. Por causa disso, tende a se expressar de alguma forma, rompendo o dique da repressão. Quando o acesso à consciência é negado, pois suporia pensamentos "insuportáveis" para a consciência, a única forma que encontra para se expressar é a linguagem corporal do sintoma psicossomático, no caso o tique.

A cura é possível, mas será necessário se submeter a uma terapia adequada, recorrendo à ajuda de um psicólogo ou de uma psicanalista. Além da psicanálise, existem também outros tipos de terapia, baseadas em outras linhas terapêuticas que podem ajudar nesses casos.

A IMPORTÂNCIA DO SONO

Dias atrás li na internet textos sobre transtornos do sono. Quais são eles e o que provocam?

Já que me é negado ver o céu estrelado à noite, gosto de observar do meu apartamento o firmamento de janelas que iluminam a noite paulista. Não importa se é meia-noite, uma hora, ou duas horas da madrugada, sempre há um número muito grande de janelas iluminadas. Transtornos do sono? Provavelmente. É um fato: muitas pessoas não conseguem dormir direito.

Para quem vive nas grandes cidades, o dia de trabalho se estende cada vez mais. Quando não é o chefe que pede para fazer horas extras para terminar aquele serviço urgente, é o trânsito que não anda. Sem contar o *happy hour* com os amigos ou as aulas da faculdade, ou aquele curso de pós-graduação. Seja qual for o motivo, o dia acaba se esticando cada vez mais.

Nos fins de semana, a vida noturna toma conta da cidade. Nas grandes metrópoles, há engarrafamentos até de madrugada. Mesmo nas pequenas cidades do interior, os bares estão cheios e muitos acabam dormindo bem tarde.

Para os jovens, em particular, trocar o dia pela noite virou rotina. Se antes os pais brigavam porque os filhos não chegavam à casa às 10 ou 11h da noite, agora eles dão graças a Deus por, ao acordar de manhã, encontrarem o filho dormindo na cama dele.

Da mesma forma, há alguns anos ninguém ficava vendo televisão até altas horas da madrugada. Sequer havia programação. Pouco depois da meia-noite entrava no ar o logotipo da emissora ou a tela de barras coloridas. Enfim, não havia o que fazer, todos iam para a cama. Hoje, as redes televisivas transmitem a noite toda para telemaníaco nenhum colocar defeito.

Todas essas mudanças no estilo de vida influenciam o nosso relógio biológico. Há uma incrível tendência a esticar o dia, diminuindo o tempo que dedicamos ao repouso e ao sono em particular. Trata-se de uma cobrança do meio social, que nos estimula a ficar acordados.

Nossa psique habita um corpo, que por sua vez habita um ambiente. Se lá fora está tudo iluminado e a vida está em plena efervescência, fica difícil para a psique assimilar a noção de que chegou a hora de dormir.

Para usar uma metáfora, é como se faltassem "pistas de pouso" em que nossos aviões possam pousar e taxiar antes de parar definitivamente. Aterrissamos de um dia de trabalho para novas atividades e daí despencamos para a cama. Falta o momento intermediário em que o corpo diminui seu ritmo até poder parar.

Os distúrbios do sono envolvem vários tipos de problemas, desde dificuldades para pegar no sono, sono interrompido ou intermitente, ronco, apneia noturna etc. Em todos esses casos é necessária uma intervenção médica adequada. Em São Paulo, na Escola Paulista de Medicina, existe até um Instituto do Sono, em que o paciente passa a noite monitorado por instrumentos que permitem detectar a gravidade e a extensão dos problemas que afligem o seu sono.

O sono é importantíssimo para o equilíbrio psíquico e biológico do ser humano. Do ponto de vista psíquico, o sono pode estar bloqueado por uma dificuldade de se entregar aos sonhos, ou seja, pode representar uma defesa drástica contra qualquer contato com o inconsciente. Sempre que meus pacientes apresentam problemas com o sono, encaminho-os para um psiquiatra, para que se submetam a uma medicação adequada.

Poder dormir é poder "sonhar", e poder sonhar é uma condição indispensável para podermos ter acesso ao nosso mundo interno. Dessa maneira, nosso inconsciente trabalhará para nós e não contra nós.

VIDA AMOROSA E SEXUALIDADE

AMOR SEM ESPERANÇA

Minha irmã de 29 anos está namorando um rapaz casado. No começo, ela não sabia da situação dele, mas, quando soube, aceitou, pois ele sempre diz que não é feliz com a esposa e que vai se separar. Isso já faz quase dois anos e nada mudou. Será que nossa ânsia de amar e sermos amados é tão grande a ponto de nos cegar?

O que leva uma mulher a se entregar a uma história de amor com um homem casado, cujas chances de dar certo são mínimas? Por que a persistência em manter um vínculo que já se revelou precário? O que alimenta a teimosa espera por um desfecho positivo?

A resposta estaria na desproporção entre o número de mulheres em busca de um companheiro e o suposto número reduzido de homens disponíveis para iniciar uma relação? Nos círculos femininos circula a tese de que a maioria dos homens disponíveis ou são gays, ou ainda não desgrudaram da saia da mãe, ou são divorciados problemáticos. Diante da ameaça da solidão resta apenas a opção de escolher os que já são casados, vivendo o papel da amante?

O fato é que, do ponto de vista estritamente psíquico, os motivos podem ser outros. A dificuldade de se "vincular" costuma ser o mais comum. O "ataque ao vínculo" se manifesta de forma bastante sutil. O que torna esse funcionamento psíquico difícil de ser detectado é a sua ambiguidade. Uma mulher que busca um amante, de fato, parece estar disposta a "se vincular" a alguém. O que chama atenção, no entanto, é que ela acaba buscando uma pessoa com quem nunca terá de fato um vínculo verdadeiro. Ela se condena a viver num lugar esvaziado, empobrecido. Ser "a outra" quer dizer viver entre o ser e o não ser. Viver as sobras de um relacionamento desgastado, que nunca acaba, passear sozinha nos fins de semana, disfarçar, caso encontre o amante num restaurante com a família.

O mesmo funcionamento se revela em situações onde a pessoa busca um vínculo que tem tudo para não dar certo. Pode ser o caso de um namoro entre pessoas que vivem em estados ou países diferentes. É o caso dos namoros intermináveis, que nunca chegam ao casamento. Pode ser também o caso do Don Juan, ou das mulheres que trocam de homem como trocam de roupa. Pode haver algo parecido no "namoro virtual". É como se o vínculo fosse ensaiado, mas nunca consumado.

Existe de fato nessas pessoas uma resistência muito forte a se entregar a uma relação amorosa destinada a "dar certo". É como se a pessoa quisesse se vincular e, ao mesmo tempo, fugisse do vínculo. Geralmente, à base desse funcionamento está uma dificuldade enorme de 'confiar' no outro. No entanto, paradoxalmente, o vínculo destinado a não dar certo é mantido com uma perseverança surpreendente, justamente porque não representa uma ameaça real.

Por que isso acontece? A relação amorosa se molda de acordo com a maneira como vivemos nossas relações primitivas com nossos pais. Quando a relação com a mãe (e o pai) não favoreceu a experiência de poder confiar no outro, de se sentir incondicionalmente acolhido, qualquer vínculo se torna problemático. A confiança é ensaiada nos relacionamentos afetivos, indefinidamente, até que o medo do relacionamento ceda lugar a uma experiência verdadeira de vínculo com o outro, rompendo, assim, o círculo da falta de confiança.

QUANDO O AMOR VIRA NEUROSE

Há anos vivo uma relação com um rapaz. Antes era eu quem queria casar e ele ficava enrolando. Quando finalmente eu desisti, ele começou a falar em casamento; mas hoje eu sinto que ele não é o homem de minha vida. Mesmo assim, não consigo me separar dele nem ele de mim. A nossa relação não é harmoniosa, muitas coisas que ele faz me irritam e vice-versa. O que devo fazer?

Como dizia o famoso escritor Camus: por incrível que pareça, para o homem é mais difícil se separar daquilo que não quer do que daquilo que ele quer. Existem relações amorosas em que fica bastante evidente que o vínculo é baseado na neurose mútua, e não no amor. Naturalmente, isso é evidente para todos, menos para os envolvidos.

O que sustenta esse tipo de relações é o encontro de duas formas complementares de neurose, que se encaixam perfeitamente uma na outra. O vínculo é assegurado por essa complementaridade doentia e não por uma complementação saudável.

A neurose gera um tipo de "necessidade", que é satisfeita através da vivência de situações reconhecidas como negativas, mas que são constantemente buscadas como se não fosse possível viver sem elas. Quando uma relação é percebida como na maior parte do tempo aversiva, agressiva e frustrante, e mesmo assim é mantida, devemos imaginar que algo está mantendo juntas essas pessoas, algo aparentemente inexplicável.

A psicanálise chama isso de "ganho secundário". Um ganho que, na realidade, não é um ganho e, sim, uma perda, pois acarreta uma situação de sofrimento e a manutenção de núcleos doentios do funcionamento mental. No plano afetivo, existe uma necessidade inconsciente de "repetir" situações vividas na primeira infância e que ficaram gravadas na mente como grandes enigmas, algo que a mente não consegue processar através do pensamento.

Vamos fazer um exemplo. Imaginemos uma criança que tenha vivido na infância relações de "controle" de tipo sádico. A expressão pode parecer estranha, mas, na realidade, esse tipo de relacionamento familiar é bastante comum.

O controle sádico se estabelece quando a mãe se mostra para a criança como extremamente frágil, sempre a ponto de entrar em colapso, caso a criança não responda exatamente da maneira que ela espera, ou seja, caso a criança não se adapte plenamente às suas necessidades inconscientes.

Para uma criança acostumada a viver esse tipo de relação, o comportamento da mãe é algo enigmático, algo que ela não consegue pensar. Como pensar que a mãe a ama e, ao mesmo tempo, admitir que a mãe está exigindo o tempo todo o seu aniquilamento psíquico? Seria insuportável para a criança pensar em uma mãe sádica desse tipo. Por isso, essas sensações apavorantes são empurradas para o inconsciente, para que não sejam sentidas.

Por outro lado, a mãe, ao se mostrar emocionalmente incontinente e frágil, está pedindo o tempo todo que a criança não se oponha aos seus desejos. Está, assim, estabelecido um controle sobre a criança. Todo controle é por si mesmo "sádico", pois tende a anular o outro e a amarrá-lo psiquicamente, exatamente da forma como um sádico amarra a sua vítima.

Quando crescer, a criança tentará dar um significado a esse enigma insolúvel, guardado a sete chaves no seu inconsciente. A única maneira de tentar significar isso será reviver a mesma situação, reencenar o que originou o seu sofrimento psíquico, na relação com outra pessoa que, de alguma forma, "repita" a relação que ela tinha com a mãe. Essa é uma necessidade do inconsciente, misteriosa, intrigante, uma tentativa desesperada de significar o que não pode ser explicado.

O próprio Freud ficou profundamente perplexo diante desse comportamento do inconsciente que o levou a descobrir que, ao lado do instinto amoroso (Eros), existe um instinto mortífero (Thânatos), que nos leva a repetir indefinidamente o que para nós não tem sentido.

É esse mecanismo paradoxal do inconsciente que sustenta esse tipo de relações doentias e que as torna extremamente dolorosas e, ao mesmo tempo, difíceis de serem rompidas. O que pode mudar isso? O autoconhecimento e a consciência do mecanismo que está por trás da manutenção dessas relações permitirão, aos poucos, romper com a necessidade da repetição do mesmo, permitindo relacionamentos mais saudáveis.

AMOR PROIBIDO

Amo uma pessoa "proibida", e isso está me sufocando e gerando em mim um sentimento de culpa pelo simples fato de amá-la. Ela nem sabe disso nem quero que saiba, mas a culpa me consome e eu não sei como deixar de senti-la.

Lutar contra os nossos sentimentos é uma batalha perdida desde o início. Nós não podemos deixar de sentir o que sentimos. O "sentir" é algo que foge ao nosso controle. Uma grande parcela do que sentimos está revestida de componentes inconscientes. Muitas vezes, nós mesmos percebemos que não há uma razão aparente para "sentir" daquela determinada maneira. Como se explica isso?

Dentro de nós, no imenso depósito de sensações que é o nosso inconsciente, existe uma sofisticada rede de memórias emocionais. O que liga uma memória à outra não é um fio lógico. O que liga nossas memórias emocionais é um mecanismo parecido àquele usado para a construção dos sonhos.

As imagens que formam um sonho são construídas pelo inconsciente a partir de associações que não são aparentemente lógicas. Por isso, o sonho muitas vezes aparenta ser "maluco". No entanto existe certa lógica nos sonhos, baseada em dois princípios que Freud denominou de condensação e deslocamento. As imagens dos sonhos, de fato, "remetem" a várias memórias emocionais, que são "condensadas" na imagem usada no sonho. Isto significa que a mesma imagem pode remeter a várias memórias emocionais, carregando em si toda a intensidade dessas memórias. Outra característica do sonho é deslocar a intensidade de uma representação afetiva interna para outra de menor intensidade, que passa, assim, a ser carregada de energia psíquica. Com esse mecanismo, o inconsciente reveste as imagens do sonho de afetos, sem, contudo, "revelar" a memória emocional que deu origem a tal emoção. Por essa razão, as imagens do sonho são carregadas de uma intensidade emocional que a princípio não deveriam ter.

Da mesma forma, nossos sentimentos são carregados de memórias emocionais que não são diretamente ligadas à situação que os desperta. Posso sentir antipatia por alguém, apenas porque ele tem uma característica física que me lembra alguém que detesto. Da mesma forma, posso amar alguém, porque sua presença me remete a memórias emocionais intensas que provavelmente nada ou pouco têm a ver com essa pessoa. A intensidade de um sentimento é muito forte, justamente porque nele se condensam memórias emocionais inconscientes e porque nele são depositadas intensidades emocionais que se originam em uma vasta rede de representações internas.

Enfim, lutar contra tudo isso é muito difícil, diria que impossível. Talvez um adequado processo de terapia possa ajudar a lidar melhor com as intensidades emocionais que tudo isso acarreta, mas, mesmo assim, a gente não evitará que sinta o que sente. O importante, contudo, do ponto de vista ético, não é o que sentimos, e sim o que fazemos com nossos sentimentos. No seu caso, nada aconteceu. Seus sentimentos não tomaram o controle de suas ações. Nada foi feito, nada foi dito. Não há, portanto, razão para a culpa. Mesmo assim a culpa é também um sentimento. Vale, portanto, a seu respeito tudo o que foi dito sobre sentimentos.

O ASSÉDIO SEXUAL DE CRIANÇAS

Quando eu tinha por volta de 11 ou 12 anos, fui assediada por um primo. Durante muito tempo, pensei que tinha sonhado com tudo isso, justamente pelo desejo imenso que tenho de esquecer. Hoje, tenho vinte e poucos anos e tenho problemas com relacionamentos afetivos. Sinto como se algo estivesse bloqueado em mim. Além disso, não me sinto sensibilizada com os beijos e abraços da pessoa com que estou. Penso que deve ter alguma coisa a ver com a violência que sofri, mas, na verdade, nem sei o que pensar. Gostaria muito de uma palavra.

O assédio sexual de crianças traz graves consequências para o psiquismo da vítima. Suas consequências podem ser ainda mais sérias do que, no caso de estupro, quando a vítima já alcançou sua maturidade sexual.

O assédio sexual praticado com crianças ou pré-adolescentes é um gesto de extrema violência. A vítima geralmente é induzida ao ato por meio da sedução, mediante ameaças, chantagem ou até com o uso da força. Em todo caso, o agressor usa de algum tipo de violência para praticar atos que são sentidos pela vítima como uma intrusão, uma agressão ao seu corpo, que, de certa forma, é expropriado pelo agressor que dele faz uso a seu bel-prazer. Creio que seja possível dizer que esse ato interfere no delicado processo que permite a apropriação do corpo por parte da psique. O assédio pode introduzir uma cisão entre mente e corpo, que passa a ser sentido como algo estranho, não Eu.

Do ponto de vista psíquico, o assédio introduz também outro tipo de cisão, pois gestos de carinho passam a ser associados à violência. Trata-se de uma associação de tipo esquizoide. Erotismo e agressividade passam a ser associados. Isto pode trazer, no futuro, uma extrema dificuldade de estabelecer uma relação amorosa, pois o vínculo tende a ser percebido como algo "perigoso", violento, agressivo, que deve ser afastado. Da mesma forma, os gestos de carinho, tais como beijos, abraços, toques, são sentidos como invasivos e intrusivos; uma ameaça para o delicado equilíbrio entre a psique e o corpo, que a vítima do assédio conseguiu restabelecer a duras penas.

Do ponto de vista do desenvolvimento sexual, o assédio envolve a criança em atos que têm para ela um significado enigmático e que causam uma extrema angústia. Como Freud demonstrou, a criança desde o início de sua vida vive sensações de caráter sexual que são importantes para a constituição do seu psiquismo. Os toques maternos, os gestos de carinho (abraços, beijos), a higiene de suas partes íntimas, contribuem para certa erotização, que, dentro dos limites de tais gestos, é perfeitamente normal, prazerosa e importante, do ponto de vista psíquico, para que a criança habite o seu corpo e se sinta autorizada a ter prazer. Com o assédio, contudo, acontece uma erotização indevida que, geralmente, é sentida pela criança de maneira ambígua, como intrusiva e, ao mesmo tempo, prazerosa. Quando o assédio chega a envolver a genitalidade (prática do ato sexual, sexo oral ou anal), a criança é obrigada a viver uma experiência para a qual está totalmente despreparada do ponto de vista psíquico. Isto evidentemente prejudica o seu futuro desenvolvimento sexual, além de acarretar um senso de culpa, que a faz sentir cúmplice do agressor e associada à sua perversão.

Outro aspecto que muitas vezes caracteriza o assédio é a cumplicidade do meio que garante a impunidade do agressor (pai, professor, padre, médico etc.). Mais um fator que reforça a violência do ato, a solidão da vítima e sua culpa.

Creio que tudo o que foi dito até aqui a ajude a compreender a complexidade do quadro descrito em sua carta, o que torna recomendável no seu caso uma terapia com um profissional qualificado.

CASAL HOMOSSEXUAL, POR QUE INCOMODA TANTO?

Por que os homossexuais, embora do mesmo sexo, são chamados de casais? Eu penso que casal só é um macho e uma fêmea. Desculpe minha dúvida, mas sempre que eu ouço fico inquieta com isso.

O que me chamou atenção na pergunta acima formulada é a inquietação diante de uma questão que, aparentemente, parece ser apenas um trocadilho de linguagem. No entanto, como sempre escrevo, não devemos subestimar os sentimentos. Vamos, portanto, tentar desvendar o que se esconde atrás desse incômodo de nossa leitora.

Quando pensamos em um casal, o mais comum é pensar em um homem e uma mulher. É esta a definição que o dicionário dá para o verbete casal: "Par composto de macho e fêmea, ou homem e mulher". Do ponto de vista linguístico, portanto, nossa leitora está certa.

Mas por que incomoda que uma dupla de homossexuais seja chamada de casal? Existe algum tipo de resistência psíquica que impede de pensar em um casal de dois homens ou duas mulheres se relacionando sexualmente? Se de fato existe essa resistência, de onde se origina?

Tempo atrás, uma mãe me dizia que não podia deixar de pensar na homossexualidade do filho como algo "repugnante" (não lembro exatamente a palavra que usou, tenho a impressão de que era ainda mais forte, mas o sentido era este). Ela tinha nojo de imaginar seu filho em atitudes íntimas com algum homem.

Quem não é homossexual sente, normalmente, uma repugnância interna em pensar nas relações de pessoas do mesmo sexo. Porém é notório que muitos homens se excitam ao observar duas mulheres fazendo sexo entre si. Basta abrir qualquer revista masculina para perceber o quanto essa fantasia é explorada. A reação, porém, não é a mesma quando se trata de dois homens em atitudes íntimas. Neste caso, geralmente a reação é de "nojo".

O paradoxo é que o(a) homossexual pode vir a ter o mesmo "nojo" em pensar na intimidade sexual e afetiva entre pessoas que não são do mesmo sexo. O "nojo" vem da orientação sexual de cada um, que geralmente é exclusiva.

No caso das orientações bissexuais, no entanto, é possível que ambas as possibilidades sejam contempladas como "normais". Embora não tenha à mão estatísticas recentes, não é raro na clínica perceber que certa experimentação homossexual chega a ser bastante comum, sobretudo entre mulheres, mesmo sem que isso leve necessariamente a uma orientação homossexual definitiva.

Entre homens, a experiência também pode ocorrer, mas, geralmente, costuma ser mais perturbadora, podendo resultar no futuro em uma orientação homossexual definitiva. De qualquer forma, para o(a) bissexual tanto faz se relacionar sexualmente com um homem ou com uma mulher.

Tudo isso nos faz pensar que o uso da palavra "natural" é ambíguo, pois para alguns pode ser natural algo que para outros não é. Talvez isso possa levar também à necessidade de aprofundar os posicionamentos éticos que se fundamentam sobre o que é contra ou a favor da "natureza". Quase a confirmar isso, encontramos na própria natureza (no reino animal) exemplos bastante comuns de homossexualidade. Mas essa é uma discussão que transcende a psicanálise e entra no domínio da filosofia e da moral.

Do ponto de vista psicológico, pode haver uma resistência em pensar uma dupla homossexual como um casal. No entanto, quanto mais definida for a orientação sexual da pessoa, menos ela se sentirá incomodada pela atitude homossexual do outro, mesmo sentindo certa repugnância diante de atitudes homossexuais explícitas vividas por pessoas do seu mesmo sexo.

REPENSANDO O CASAMENTO

Minha mulher e eu já não somos mocinhos. Percebo que, ficando velhos, somos mais impacientes um com o outro. Cada um tende a ficar no seu canto e, raramente, fazemos algo juntos sem brigar. Eu gostaria de viver os últimos anos de minha vida com alguém que fosse realmente uma companheira. Os filhos já estão criados, pergunto-me se devemos continuar juntos nessa relação desgastada ou se é melhor encarar a separação.

A realidade mostra que nem sempre é possível realizar o sonho de um casamento estável que dure a vida inteira. O desejo de envelhecer ao lado da pessoa amada pode ser frustrado pela rotina, pelos desentendimentos e pela aridez de uma vida que perde o seu sabor e sentido.

Estar com o outro deixa de ser uma experiência prazerosa e se torna uma rotina vazia, árida e sem sentido. Uma intensa sensação de frustração toma conta do convívio do casal. Cada um parece perceber que aquele homem ou aquela mulher com quem convive não satisfaz as expectativas afetivas mais elementares.

Muitas vezes, o desgaste de um casamento é atribuído ao desgaste da vida sexual, mas nem sempre essa é a razão principal. O desgaste afetivo e emocional geralmente antecede o desgaste da vida sexual e, na maioria dos casos, é a razão que impede uma vida sexual saudável.

Quando isso acontece, surge o desejo irresistível de "mudar" o outro. O primeiro recurso usado para esse fim é a queixa, na qual a frustração de cada um é canalizada de forma agressiva e "despejada" sobre o outro.

A queixa é diferente do diálogo. Na queixa, projeta-se no outro todo o descontentamento e a frustração por ele estar aquém das nossas expectativas, por ele ser chato, cansativo, insuportável. No diálogo, procura-se manifestar para o outro os nossos sentimentos, sem querer culpá-lo, apenas reconhecendo que algo está acontecendo e que isso gera um incômodo. O objetivo do diálogo é tentar entender o que está acontecendo, olhar para o problema e tentar superá-lo.

Se, no diálogo, a pessoa está disposta a se "deslocar" para tentar enxergar as coisas a partir da maneira de sentir do outro; na queixa, prevalece apenas a maneira de sentir de quem está se queixando.

O desejo de que o outro mude está à base de muitos desentendimentos e frustrações, pois, geralmente, é muito difícil que o outro possa mudar de acordo com a forma como pensamos e no prazo curto que a nossa frustração pode suportar.

As pessoas mudam. O processo terapêutico mostra o quanto isso é possível e maravilhoso de se assistir, mas elas mudam da forma como podem mudar, de acordo com a sua personalidade e dentro dos limites impostos pelo seu psiquismo. Nunca as pessoas mudam de acordo com o nosso desejo e as projeções que são depositadas nelas.

O marido que eu desejo ou a mulher que eu sonho não existem, existe apenas um ser humano que está ali, na minha frente, com suas formas, sua personalidade e sua neurose. É com esse homem ou essa mulher que eu posso querer estar pelo resto de minha vida ou não.

É bastante comum nos consultórios receber ligações de mulheres e homens que gostariam de marcar uma consulta para o parceiro no intuito de "consertá-lo", para "salvar o casamento". Nesses casos, aconselho a pessoa que liga de fazer ela mesma a terapia, pois apostar na mudança do outro para salvar o casamento é, na maioria dos casos, uma aposta perdida, além de uma forma de fugir da própria responsabilidade.

A reação oposta pode ocorrer quando alguém desiste de si mesmo para manter o casamento. Trata-se de uma das situações mais penosas, pois não podemos nunca desistir de nós mesmos sem correr o perigo de desistir da vida e adoecer psíquica ou fisicamente. A primeira condição para enfrentar qualquer situação difícil é que possamos "estar vivos". Esta é a condição fundamental para que algo aconteça ao nosso redor de forma positiva.

Mesmo assim, sentir que o casamento foi um erro é sempre uma situação muito dolorosa. Anos investidos em um sonho se esvaem diante dos nossos olhos. Como dizia um amigo, a separação é sempre uma situação de falência, em que juntamos coisas ruins e boas, colocamo-nas em uma caixa e abandonamo-nas à correnteza do rio, vendo-as se afastarem de nós.

POR QUE MUITOS CASAMENTOS ACABAM?

O divórcio se tornou muito comum na nossa cultura.
O que a psicanálise tem a falar sobre isso?

Embora muitos jovens hoje sonhem com o dia do casamento da mesma forma como o sonhavam seus pais, o casamento como instituição social passou por profundas transformações.

Antes da revolução burguesa, até a Revolução Francesa (até o fim do século XVIII), o casamento era uma forma de preservar os vínculos de sangue, que garantiam à nobreza a preservação do *status* social. Nas classes populares, os casamentos eram efetuados entre pessoas que trabalhavam para o mesmo senhorio, garantindo, assim, a estabilidade do sistema monárquico e senhorial ligado à nobreza. É uma época em que não há mobilidade social, ou seja, não há possibilidade de ascensão social e, raramente, as pessoas mudam de lugar.

Se observarmos as pinturas do período, podemos obter pequenos quadros da vida amorosa da época e perceber que, ao lado dos casamentos "oficiais", a nobreza mantinha uma vida entremeada de aventuras amorosas "paralelas", voltadas a romper o tédio dos casamentos arranjados e da vazia vida da corte.

Com a emergência da burguesia, pequenos artesãos e comerciantes enriqueceram e passaram a ocupar um lugar de destaque na sociedade, diante de uma nobreza que mantinha o seu *status* social, mas que era, economicamente, cada vez mais falida.

O casamento burguês pretende manter a estabilidade do clã familiar. O marido trabalha e a mulher cuida da casa e dos filhos. A manutenção do casamento representa também a manutenção do patrimônio familiar e não há lugar para homens e mulheres "descasados" nesse tipo de sociedade.

Tanto no campo como na cidade, o clã familiar se mantém unido e garante a estabilidade das relações, que ultrapassam o âmbito do casal, estendendo-se a todos os integrantes do clã – pais, avós, irmãos tios, primos. A vida familiar, portanto, tem uma abrangência maior que garante estabilidade e proteção ao casal.

Com o surgimento da era industrial (fim do século XVIII até o século XX), começam as migrações para os grandes centros urbanos, e a vida familiar passa a ter características próximas da atual.

Entramos, assim, na era da família nuclear. Marido, mulher e filhos moram isolados em casas e apartamentos, mantendo vínculos cada vez mais fracos com os demais membros da família. A necessidade de "migrar" para lugares onde haja oferta de emprego fragmenta os clãs familiares e obriga o pequeno núcleo familiar a um isolamento cada vez maior.

Solidão, anonimato, dificuldades econômicas e ausência do controle do clã familiar fazem com que a família comece a encontrar dificuldades cada vez maiores para se manter unida. Dois fatores, contudo, contribuem para manter o casamento nessa fase de transição: o controle social, exercido por uma cultura que ainda valoriza a união conjugal como a situação ideal e esperada, e o fato das mulheres ainda dependerem economicamente do marido.

A inserção progressiva da mulher no mundo do trabalho, com a aquisição de um *status* social independente de sua função de esposa e mãe, e a consequente independência econômica, aliadas ao enfraquecimento da pressão exercida pelos valores religiosos sobre a família, fazem com que a manutenção do casamento dependa hoje cada vez mais de fatores subjetivos e da satisfação que a vida matrimonial proporciona.

Para tornar a situação ainda mais complexa, temos hoje uma mudança de papéis. O homem, com maiores dificuldades de inserção no mercado de trabalho convencional, é muitas vezes obrigado a rever o seu papel em casa, dividindo com uma mulher, cada vez mais ocupada, as tarefas domésticas e a responsabilidade dos filhos. Isto quando ambos não são pressionados por horários de trabalhos excessivos.

Em oposição ao amor cortesão dos séculos XVI e XVII, o amor romântico dos séculos XIX e XX traz a idealização de uma relação marcada pela paixão que luta desesperadamente contra todos os obstáculos e que, na maioria dos casos, acaba tragicamente. O amor romântico, alimentado pelo cinema, televisão e literatura, exerce até hoje uma grande influência sobre as pessoas. Esse modelo, contudo, pouco se encaixa no pragmatismo e materialismo da vida contemporânea.

Do ponto de vista psíquico, o amor romântico alimenta relações imaturas. O mito da cara metade sugere que somos incompletos e que só nos realizamos encontrando esse alguém destinado a nos completar, escondido por aí, no meio da multidão. No entanto, psiquicamente, uma relação só se sustenta entre pessoas "inteiras", que sabem "estar sós". Despida dos condicionamentos sociais, culturais, religiosos e dos interesses econômicos, a relação amorosa nos convida ao amadurecimento, à partilha verdadeira, à entrega e ao acolhimento do outro, como ele é de fato. Este é, a meu ver, o desafio do casamento hoje.

POR QUE SENTIMOS CIÚME?

Por que sentimos ciúme?
___

O ciúme é um sentimento muito intenso que perturba profundamente não somente quem o sente, mas também a própria relação. Não importa se a pessoa por quem sentimos ciúme é o namorado ou o amigo, a relação acaba sempre se complicando. Aliás, não são raros os casos em que a relação acaba justamente por causa do ciúme. O ciúme se diferencia da inveja, que, do ponto de vista psíquico, é um sentimento ainda mais destrutivo. Enquanto o ciumento quer o objeto desejado só para si, o invejoso não quer que o objeto desejado pertença a outro e, caso consiga se apropriar dele, sequer consegue mantê-lo para si.

Por trás do ciúme se esconde um funcionamento emocional que, geralmente, origina-se em uma sensação de baixa autoestima e em projeções. Independentemente do ciúme ser justificado ou injustificado, o problema não está na pessoa objeto do ciúme, mas em quem é ciumento.

Quando nos apaixonamos, ou quando fazemos uma amizade, acabamos projetando fora de nós, no outro (namorado ou amigo), algo nosso, mas que, por várias razões, não pode ser reconhecido e apropriado. A projeção "coloca" no outro algo que é intensamente amado ou rejeitado e, portanto, favorece o processo de idealização (se for algo bom) ou de "demonização" (se for algo ruim). O outro acaba não podendo ser acolhido em sua realidade, pois esta comporta certa ambiguidade, aspectos bons e ruins misturados.

No caso do namoro ou da própria amizade, os aspectos ruins são ignorados inicialmente. A tendência é ver no outro apenas aspectos bons que são idealizados. Mas, por se tratar de aspectos que estão sendo "colocados" no outro, há também uma sensação de falta ("não vivo sem você"; "você é tudo para mim" etc.). É como se algo que nos pertence tivesse sido roubado pelo outro. Uma vez idealizado, o namorado ou o amigo se tornam nossos carrascos e passam a ser também odiados. Por se tratar de sentimentos em grande parte inconscientes, não são percebidos de forma clara.

Quem tem ciúme cultiva um intenso sentimento de posse em relação à pessoa "amada". Este tipo de sentimento fragiliza a pessoa ciumenta. Em contrapartida, quem for objeto do ciúme tenderá a se sentir em culpa e, com o tempo, essa culpa se transforma em raiva, ameaçando a própria relação.

Por trás do ciúme, há a tendência de estabelecer um vínculo de fusão com o outro, que torna difícil distinguir o que é dele e o que é nosso. Os dois mundos se confundem. Um processo mútuo de projeções é ativado, com resultados emocionais desastrosos.

Como fazer, então, quando esses sentimentos nos dominam? Nem sempre é fácil reagir sozinhos a essa situação. Às vezes, é necessária a ajuda de um profissional. Recuperar a autovalorização e a autoestima é fundamental para poder vencer os efeitos doentios do ciúme. Tentar "separar-se" do outro também é importante. Não se trata da separação física, mas da possibilidade de cada um poder ser consciente de sua autonomia e individualidade.

COMPULSÃO SEXUAL

Sou um jovem com menos de 20 anos. Sou um cara que, quando vê mulher, só pensa em sexo. Por mais que eu tente não ter pensamentos assim, não consigo deixar de tê-los. A psicologia teria algo a dizer e explicar sobre isso? Gostaria muito de ter uma convivência saudável com minhas amigas. Porém tem sido difícil. Que tenho de fazer para melhorar isso em mim?

Que um jovem pense em sexo é bastante comum. No entanto sua carta parece apontar para uma situação em que os pensamentos sobre sexo estão se tornando compulsivos, tomando conta de sua vida, impedindo que tenha relacionamentos saudáveis com pessoas do sexo oposto.

Do ponto de vista psicológico, quanto mais tentarmos reprimir pensamentos compulsivos, mais eles vão adquirir força. O caminho é tentar "significá-los", dar-lhe um sentido. Os pensamentos compulsivos têm sua origem em situações em que conteúdos do inconsciente foram reprimidos por serem considerados "perigosos". O perigo pode vir da realidade externa ou do nosso mundo interno, onde mora uma espécie de fiscal que filtra nossas ações e pensamentos, definindo o que é bom e o que não é.

A realidade externa é um limitador natural de nossas fantasias inconscientes, que são percebidas como perigosas, pois gerariam situações extremamente inconvenientes se fossem postas em prática. Pais severos, com valores morais muito rígidos, ou um ambiente repressor são "internalizados", mediante um processo de identificação que os traz para dentro de nós, sob forma de um ideal a ser atingido (ideal do eu), que tem seu correspondente no fiscal interno (Superego). Este se identifica com os valores dos pais (geralmente há uma identificação toda especial com os valores do pai) e do contexto cultural e religioso em que vivemos. A imagem de Deus é associada à própria imagem do pai. Um pai muito severo, inflexível, com valores morais rígidos, acabará sendo projetado em uma imagem de Deus parecida, um Deus severo, que castiga inflexivelmente os pecadores.

Outra situação que pode gerar uma sensação de perigo é a exposição prematura da criança a cenas ou situações em que o sexo é percebido como algo enigmático, violento e intrusivo. O grande mal que se causa a uma criança, expondo-a prematuramente a experiências sexuais (pedofilia, incesto etc.), ou a cenas de sexo (crianças que dormem no mesmo quarto dos pais), é devido à impossibilidade que ela tem de "significar" essas situações, que por serem enigmáticas são percebidas como perigosas. A criança, contudo, sente tudo isso de forma ambígua, com culpa, pois provoca uma sensação de excitação, ligada à própria sexualidade infantil. Esta, porém, está ainda despreparada para fazer uso da genitalidade (capacidade de ter relações sexuais normais com alguém do sexo oposto), e a excitação é, portanto, percebida de forma confusa e ameaçadora.

No seu caso, talvez, seja necessária uma terapia. Mesmo assim, acredito que possa ajudar manter relações de amizade com pessoas do sexo oposto, que poderão ajudá-lo a "sentir" o outro de forma mais real, como alguém "separado", diminuindo, portanto, a intensidade de suas fantasias eróticas.

DISCUTINDO A RELAÇÃO

Sou casada há cinco anos. Estou sentindo uma grande dificuldade de dialogar com o meu esposo. Ele sempre rebate o que eu digo, dificilmente acata minhas ideias e, por vezes, nossos problemas ficam por resolver "com o tempo". Fico frustrada com isso, porque, antes de nos casar, havíamos comprometido a solucionar os problemas, sempre, pelo diálogo. Ele, por sua vez, fica calado. O senhor acha que, de fato, algumas situações só são resolvidas com o passar do tempo? De que maneira poderemos retomar o diálogo?

O "discutir a relação" é frequentemente apontado como uma daquelas exigências tipicamente femininas que o homem detesta. É bastante comum, de fato, que a mulher tenda a ser mais exigente do ponto de vista do bem-estar emocional, enquanto o homem tende a ser mais inclinado ao pragmatismo.

De qualquer forma, discutir a relação é realmente uma boa saída quando as coisas não andam bem? Nem sempre. Infelizmente, o diálogo, apontado como o caminho de ouro para resolver os problemas do casal, às vezes, não é possível. Existem situações emocionais que impedem a mútua compreensão. O fato de um dos parceiros "não acatar", "rebater" o que está sendo dito, ou evitar qualquer tentativa de discutir a relação, significa que está havendo uma barreira emocional que impede qualquer possibilidade de entendimento.

Nem sempre o problema está onde nós acreditamos. Às vezes, é mais profundo, oculto em uma situação que não enxergamos. O que possibilita o entendimento mútuo é o sentimento de confiança. Confiar no outro não significa apenas não achar que o outro está mentindo ou nos enganando. Confiar em alguém é algo muito mais profundo. Supõe a possibilidade de uma entrega incondicional. É sentir que o outro pode ser um porto seguro, onde o nosso navio será recebido, sejam quais forem suas condições e aparência.

A possibilidade de confiar, contudo, não depende apenas da maneira como acolhemos o outro. Para determinadas pessoas, é muito difícil, ou quase impossível, confiar em alguém. Isto acontece quando a "confiança" foi minada em sua base, nos primeiros relacionamentos que o ser humano estabelece com o mundo. Quando é assim, a pessoa se sente sempre rejeitada, excluída, não olhada, incompreendida.

Para que seja possível dialogar, é necessário que se estabeleça uma relação de confiança e de aceitação mútua, incondicional. Se aceito o outro apenas quando ele é "adequado", ou seja, quando ele é aquilo que eu desejo que seja, na realidade não estou aceitando o outro, estou apenas projetando no outro o meu desejo. É como a mãe que diz ao filho: "Quando você é obediente (limpinho, estudioso, comportado etc.), mamãe gosta de você". O problema está justamente naquele "quando", que supõe o seu contrário, ou seja, "quando" você não é como sua mãe quer, ela não gosta de você. Neste caso não pode haver sentimento de confiança, pois a aceitação não é algo "dado", mas sempre deverá passar pelo crivo do outro, pelo seu olhar crítico (mais ou menos severo).

É muito difícil para o ser humano perceber que ele só "existe" para o outro se for de acordo com o seu desejo. Em determinadas circunstâncias, isso é inevitável. Por exemplo, no trabalho, onde só somos aceitos se formos adequados às exigências do chefe, da empresa, dos clientes etc. Esta situação, às vezes, repete-se no grupo social que frequentamos. Para sermos aceitos pelos vizinhos, pelo clube, pela escola, pelo pessoal da igreja, devemos ser assim ou assado. Se em casa a situação for a mesma, então não sobrará mais nenhum espaço onde possamos ser nós mesmos sem ter de fingir que somos outra pessoa.

Imagino que alguém vá dizer: "Mas se é assim, então onde ficam minhas exigências, minhas expectativas?". A necessidade de discutir a relação não deve ser desprezada, mas, antes, deve haver um clima de amor que torne isso possível. Portanto, antes de discutir a relação, se algo não está legal, é mais produtivo manifestar ao outro que ele é importante, apesar do seu mal humor, do seu silêncio, com gestos de afeto. Uma vez feito isso, pode ser que se abra um espaço para o diálogo.

POR QUE BUSCAR UM RELACIONAMENTO PROBLEMÁTICO?

Minha filha está me dando dor de cabeça. Ela está se relacionando com um sujeito que sempre está com problemas na polícia – inclusive já teve passagem por tráfico. Ela não me ouve e diz que faz o que quiser da vida dela. Por que ela insiste num relacionamento como esse?

A história relatada na carta de nossa leitora, infelizmente, não é um caso isolado. É muito comum que as pessoas busquem algum tipo de relacionamento que, cedo ou tarde, acaba se revelando prejudicial. Centenas de romances e filmes retratam essa situação, às vezes com tintas dramáticas, como no famoso "Inimigo em casa" (*Domestic disturbance*, 2001). Neste filme, a mãe separada do marido (John Travolta) se envolve com um psicopata assassino que a agride fisicamente e é "salva" pelo filho com a ajuda do ex-marido.

O crítico de cinema Rodrigo Cunha, ao fazer uma resenha do filme, escreve: "Um suspense clichê com tantos absurdos na história que fica difícil não sentir raiva do filme". Se ele fosse psicanalista, perceberia que a história não é tão absurda, embora seja difícil não concordar quanto ao sentimento de raiva quando temos de assistir a esse tipo de "filme" na vida real.

Anos atrás (1996), foi publicado um livro intitulado *Mulheres inteligentes, escolhas insensatas*. O título diz claramente que não existe uma relação direta entre a razão e as escolhas que envolvem o mundo emocional. As escolhas amorosas são muitas vezes "insensatas", pois elas não são regidas pelo bom senso e independem do quociente intelectual da pessoa. Em que o título erra é no fato de que esse não é apenas um problema das mulheres. Os homens também fazem escolhas insensatas.

Mas até que ponto podemos falar em "escolhas", sendo que, na realidade, mais do que escolher, essas pessoas parecem ser "escolhidas" por relacionamentos complicados e difíceis? Ouvindo centenas de histórias no consultório, é fácil perceber que muitas pessoas parecem ser "induzidas" por uma força interna misteriosa a fazer as escolhas erradas, sobretudo no campo da vida amorosa.

Mais uma vez, estamos nos deparando com um mecanismo psíquico misterioso. O seu funcionamento não é regido pelo "princípio do prazer", e sim por uma espécie de compulsão instintiva que parece visar a autopunição e a autossabotagem. Embora haja algum tipo de "compensação" imediata, superficial e passageira, que em psicanálise é chamada de "ganho secundário", é evidente que, a médio e longo prazo, o relacionamento está fadado ao fracasso. O que prevalece não é o prazer de estar com o outro, e sim a frustração e angústia causadas pela falta de perspectivas.

Para entender esse curioso funcionamento psíquico, é necessário vasculhar a história primitiva dos "relacionamentos amorosos" da pessoa envolvida. Mesmo quando não encontramos motivos para achar que a pessoa sofreu traumas na infância, cedo ou tarde, o processo de análise mostra que ela viveu algum tipo de experiência emocional aversiva.

Tais experiências, na maioria dos casos, independem das reais intenções maternas ou paternas, em geral boas. Trata-se de situações aversivas que, muitas vezes, os próprios pais viveram "sem perceber", de forma inconsciente, e que, por um processo de troca intersubjetiva, foram "percebidas" inconscientemente pela criança. Para a nossa mente, uma situação "inesperada" que gera angústia tende a se tornar enigmática. O enigma é carregado de uma enorme força de atração psíquica que age sobre o nosso mundo interno instintivo. Ele gera uma força compulsiva que nos atrai e nos leva a "voltar" para situações afetivas parecidas que "recriem" a cena inicial, que disparou a angústia primitiva.

Se as relações iniciais foram "percebidas" pelo inconsciente como insatisfatórias, ele procurará revivê-las através de relações que também são insatisfatórias. A força da compulsão instintiva é muito angustiante para quem sofre desse problema. Ao mesmo tempo, a necessidade de voltar a viver sempre a mesma situação cega e impede a pessoa de poder "pensar" a situação de forma diferente, lógica e consequente.

O que fazer diante desse tipo de comportamento quando envolve pessoas que amamos? Em primeiro lugar, é importante segurar a nossa raiva diante de suas escolhas insensatas. A pessoa já está sofrendo o bastante sem que acrescentemos mais angústia com o nosso "julgamento". É necessário escolher bem os momentos e as palavras para poder apontar situações "estranhas" e prejudiciais que parecem não ser percebidas pelos interessados.

Em muitos casos, contudo, ficamos impotentes, assistindo a esses processos de autossabotagem, sem poder fazer nada, a não ser tentando encaminhar a pessoa para o cuidado profissional de um terapeuta.

A ROTINA QUE MATA

*Como um casal pode trabalhar melhor a questão
da rotina diária dentro de casa?*

Em quase todos os artigos em que se fala sobre a relação amorosa é inevitável a repetição do refrão: "Evite a rotina". A rotina é realmente o grande inimigo do casamento? Ela pode levar ao fim de um relacionamento? Para a maioria dos consultores sentimentais que escrevem sobre o tema, tanto nas revistas destinadas às mulheres como naquelas direcionadas aos homens, a rotina deve ser combatida, sobretudo quando ameaça a vida sexual.

Não há dúvida de que a rotina causa um grande mal-estar na maioria dos relacionamentos estáveis, mas como evitá-la? Para poder responder a essa pergunta, devemos, antes, tentar entender como e por que a rotina se instala.

A necessidade de criar rotinas não atinge apenas a vida amorosa, mas é comum a todos os aspectos do comportamento humano. A rotina representa um caminho já trilhado. Ela nos dá segurança para interagir com o mundo externo. É como se o nosso psiquismo quisesse poupar energias, reduzindo ao mínimo o seu investimento naquilo que estamos fazendo.

Ao diminuir o envolvimento emocional, diminui também o grau de excitação que uma determinada tarefa proporciona. Daí a inevitável sensação de tédio e de falta de vitalidade que facilita a ativação dos mecanismos depressivos.

A rotina, porém, tem também outra função, não menos importante. Ela nos protege do risco, da sensação de perigo que se instala toda vez que devemos empreender algo novo. O risco envolve angústia e ansiedade. O caminho já trilhado se apresenta como mais seguro, pelo simples fato de que é o caminho que conhecemos. Segui-lo garante fugir da angústia e da ansiedade.

E a rotina tem também outra função, ligada às outras já mencionadas. Aquela de garantir o "controle". Quem precisa manter o controle sobre tudo adora rotinas. A necessidade de controle visa justamente evitar a excitação e, em última análise, pode esconder um grande medo do prazer.

O grande antídoto da rotina é a possibilidade de criar. A criatividade envolve certa excitação, pois supõe o acesso à nossa energia vital. É, portanto, um sinal de que "estamos vivos". A possibilidade de nos manter vivos em uma relação é o termômetro que aponta para um relacionamento saudável.

Tudo isso, no entanto, envolve processos inconscientes bastante complexos. Infelizmente, nem todos têm acesso à possibilidade de criar. Evitar a rotina para algumas pessoas pode ser extremamente difícil ou quase impossível, pois inconscientemente sentem que isso envolve um "perigo" muito grande.

Para quem não consegue "estar vivo" no que faz, a sensação é de estar paralisado, sem iniciativa, preso a uma incansável repetição do mesmo. Em determinadas circunstâncias, dependendo da intensidade dessa estrutura de caráter depressivo, o parceiro acaba sendo vítima da mesma sensação de paralisia e de "morte". Trata-se de um mecanismo que, dependendo da predisposição psíquica do parceiro, pode aprisioná-lo e despertar sentimentos depressivos.

Não é raro que quem vive aprisionado em suas rotinas culpe o outro por esse aprisionamento, mostrando-se, contudo, incapaz de responder a qualquer convite para sair dele. Geralmente, é muito difícil que algo possa despertar interesse e vontade de viver. Neste caso, será necessário recorrer a uma terapia para poder superar o impasse.

Quando, porém, não há impedimentos psíquicos dessa gravidade, o diálogo entre o casal ajuda a descobrir o que pode ser feito para tornar a relação mais "viva". O mal-estar diante de um casamento corroído pela rotina geralmente é mútuo. Ideias podem surgir para favorecer situações novas, tanto na vida do dia a dia como na vida sexual.

FECHADA PARA NOVOS RELACIONAMENTOS

Uma amiga minha foi noiva por quase 10 anos e o noivo simplesmente rompeu o compromisso para se casar com outra. Agora ela acha que nunca mais vai encontrar alguém. Algum tempo atrás, conheceu um rapaz que demonstra gostar dela. Sua atitude foi de "pisar no freio", não deixando se envolver. Sinto que, agindo assim, minha amiga está deixando escorrer pelas mãos a chance de ser feliz. Como posso apoiá-la?

Embora todo ser humano aspire à felicidade, nem sempre é fácil se permitir ser feliz. Da mesma forma, nem sempre é possível ajudar alguém, sobretudo quando este não expressa conscientemente o desejo de ser ajudado e de se ajudar.

A "decepção" que sua amiga sente provavelmente tende a se estender não apenas à vida amorosa, mas também em relação aos demais relacionamentos, envolvendo amigos e familiares. Frequentemente, há nesses casos a tendência a um tipo de fechamento que leva ao isolamento. É como se a "confiança" no outro tivesse sido afetada e não pudesse mais ser restabelecida de forma adequada. Trata-se de um círculo vicioso que tende a isolar cada vez mais a pessoa. Quem procura se aproximar dela é inconscientemente rejeitado e, uma vez que se afasta, seu "abandono" confirma que ninguém é confiável. O fechamento tende, portanto, a se aprofundar, o que torna a pessoa "difícil", "chata", "negativa", "fechada" aos olhos dos outros.

Infelizmente, quando um processo desse tipo se instala, é difícil que possa ser revertido espontaneamente. Para que a pessoa em questão possa voltar a confiar em alguém, é necessária uma experiência que possibilite certo "uso" narcísico do outro. Trata-se de uma experiência de caráter regressivo, que remete a um funcionamento primitivo característico dos primeiros meses de vida. De fato, para se constituir psiquicamente como ser autônomo, o ser humano precisa da dedicação exclusiva de uma mãe. Mas onde achar uma mãe dessas na idade adulta? Normalmente, nesses casos, os pais, mesmo quando querem, não conseguem oferecer nenhum tipo de alívio, já que, provavelmente, eles foram inicialmente ligados à sensação do não poder confiar. A terapia deveria ser o ambiente adequado, pois somente um ambiente protegido, como aquele de um consultório psicológico, pode proporcionar esse tipo de experiência. No entanto, nem sempre isso é possível, nem fácil.

É também possível que o noivado de sua amiga tenha se prolongado por causa de uma dificuldade de estabelecer um vínculo confiável com a pessoa amada. Quando isto acontece, ela é mantida a certa distância, mesmo sendo percebida como importante. Este funcionamento, às vezes, é "disfarçado" por "razões" de vários tipos, pois se trata de algo que foge à consciência do sujeito. O funcionamento psíquico é paradoxal. Nem sempre podemos nos aproximar de quem amamos. Às vezes, é necessário mantê-lo a uma "distância de segurança", justamente pelo fato da relação ser percebida como algo perigoso e ameaçador. Aliás, em certos casos, quanto mais o outro é tido como alguém importante, mais é mantida a distância. Naturalmente, o outro pode perceber esse movimento como uma forma de rejeição e, neste caso, a relação entra em crise. A conclusão óbvia é que nem sempre quando alguém nos mantém a distância, ou nos evita, é por causa de não gostar de nós, às vezes é justamente pelo motivo contrário: por gostar "demais".

HOMOSSEXUALIDADE, UMA OPÇÃO?

Tenho um parente homossexual, gostaria de saber se ele já nasceu assim.

Embora existam estudos sobre a possibilidade de a homossexualidade ter caráter genético, não há nada de conclusivo nesse sentido. O que parece fazer mais sentido é pensar a homossexualidade como uma das possibilidades de desenvolvimento da sexualidade. O ser humano, de fato, nasce com características bissexuais que mais tarde se desenvolvem e se fixam em tendências de caráter heterossexual ou homossexual. Dito de forma mais simples, isto quer dizer que, em determinado momento da sua vida, o ser humano desenvolve a necessidade de se identificar com uma orientação sexual heterossexual ou homossexual.

A tese da "opção" sexual não faz o menor sentido do ponto de vista psicológico. A pessoa não "escolhe" sua tendência sexual. Apesar da exuberância manifestada nas paradas *gays* e do próprio termo (*gay*, ou seja, alegre em inglês) usado para identificar o homossexual, não há nada de muito "*gay*" na condição homossexual.

A verdade é que muitos, ao descobrirem a sua tendência homossexual, ficam apavorados e tentam negá-la de todas as maneiras. Alguns chegam até a casar e ter filhos, vivendo uma relação internamente percebida como falsa com a esposa por anos a fio, até resolver "assumir" sua condição homossexual. Tudo isso, evidentemente, envolve um grande sofrimento, sentimentos de culpa e de inadequação, e um futuro com relações complexas e tensas com os filhos e com a mulher.

Por outro lado, as coisas não são mais fáceis para os que assumem mais cedo a condição homossexual. Uma das questões mais difíceis é a discriminação à qual o homossexual é submetido na sociedade. Embora possa haver esforços hoje em dia para amenizar essa situação, o homossexual ainda convive com todo tipo de agressões por parte de uma sociedade dominada por padrões machistas.

A coisa é ainda mais dolorosa quando a rejeição vem da própria família ou até do grupo religioso no qual a pessoa cresceu, neste caso representando quase uma rejeição divina. Marcado pelo "sinal de Caim", o homossexual muitas vezes acaba percebendo que sua condição o leva a conviver com o isolamento e a solidão.

A busca de vínculos afetivos com os seus pares leva frequentemente o homossexual a experimentar relações instáveis e promíscuas. As decepções amorosas se seguem, podendo acentuar a sensação de solidão e de menosprezo.

Nem todo gay se sente à vontade com a maneira de viver de outros homossexuais. Para alguns, a homossexualidade é vivida quase como um desafio, algo que deve ser "jogado na cara" da sociedade, de uma forma agressiva e ostensiva. São maneiras de ser consideradas ridículas por outros homossexuais, por serem marcadas pelo exibicionismo. Tudo isso gera conflitos no próprio mundo gay, que não é unívoco na sua forma de encarar a condição homossexual.

Além disso, as relações amorosas entre homossexuais são frequentemente difíceis e tensas, talvez por se tratarem de vínculos afetivos entre pessoas do mesmo sexo e, portanto, relações que acabam sendo marcadas por certa dose de competição.

Finalmente, para o homossexual, existe ainda a frustração de não ter filhos e de não poder compartilhar essa alegria com outros membros da família. Em alguns países, casais homossexuais podem adotar crianças, em outros não. Alguns homossexuais optam por ter um filho com uma mulher. De qualquer forma, isso não é tão simples e envolve questões muito delicadas.

Tudo isso nos ajuda a perceber que a condição do homossexual não é uma opção que envolve fraqueza ou leviandade. A única "opção" que o homossexual tem é conviver com sua condição e com todas as dificuldades que isso acarreta, o que, na maioria das vezes, exige coragem e força interior para enfrentar a discriminação e os conflitos.

AS FIGURAS DO PAI E DA MÃE PESAM NA BUSCA DO PARCEIRO?

Dizem que, quando um rapaz casa com uma mulher mais velha, na verdade está vendo na esposa a figura da mãe. Dizem que o mesmo ocorre com a menina mais nova que casa com um homem mais velho. Isso é verdade? Os dois têm de ter a mesma idade para serem felizes?

Freud costumava dizer que o homem busca, na futura esposa, a imagem (introjetada) da mãe e que a mulher busca, no futuro marido, a imagem (introjetada) do pai. Não é raro constatar na clínica o quanto isso procede, não importa se o parceiro escolhido é mais velho ou mais novo. No entanto a pergunta parece supor que haveria necessariamente algo errado em buscar a imagem do pai ou da mãe no parceiro.

Em primeiro lugar, vale a pena frisar que estamos falando de "figuras" introjetadas pela psique e não do pai e da mãe "reais". Na realidade, se o pai ou a mãe tiverem sido percebidos pelo inconsciente como representantes de aspectos masculinos ou femininos "positivos", a identificação será com aspectos que podem ser "absorvidos" pelo psiquismo como bons. Por exemplo, um pai empreendedor, decidido, "forte", "protetor" etc. pode ser uma figura masculina que é admirada pelo inconsciente da menina e que passa a ser por ela introjetada. Não somente ela poderá cultivar esses elementos "masculinos" como aspectos positivos de sua personalidade, mas também tenderá a procurá-los nos homens com os quais se relacionará. Essas qualidades do pai passarão a ser um critério seletivo na busca do seu futuro parceiro.

Por sua vez, uma mãe dotada de uma feminilidade caracterizada pela ternura, pela capacidade de cuidar e por certo grau de sensualidade, poderá ajudar o menino a desenvolver em si aspectos "femininos" saudáveis, tais como a afetividade e a capacidade de cuidar, sem prejudicar os aspectos tipicamente "masculinos". É claro que para esse menino será mais fácil apreciar mulheres que têm um tipo de personalidade parecido com aquele da mãe.

Nem sempre, porém, as coisas são tão simples. As combinações podem ser mais complicadas, dependendo de como os processos de identificação acontecem e combinam. Por outro lado, o pai e a mãe podem ter sido percebidos como figuras aversivas, dotadas de aspectos masculinos e femininos contraditórios. É o caso do pai fraco ou ausente, incapaz de cuidar da família, como também do pai violento, agressivo e autoritário. Da mesma forma, uma mãe pouco afetiva, dominadora ou então fraca e esvaziada em sua feminilidade, pode representar uma figura feminina aversiva para o filho. Também, nesses casos, dá-se um tipo de identificação que, apesar de ser neurótica, influencia o desenvolvimento dos aspectos masculinos e femininos, tanto do menino como da menina, que tendem inconscientemente a sentir uma propensão a se aproximar de homens e mulheres parecidos com o pai ou com a mãe. Neste caso, a procura do pai ou da mãe no futuro parceiro surge de uma necessidade inconsciente de "repetir" a situação emocional vivida na infância, na tentativa de "significá-la", ou seja, de dar-lhe um sentido. É paradoxal, mas o inconsciente funciona assim.

Naturalmente, as características aqui apresentadas são esquematizações que na realidade dão lugar a infinitas possibilidades.

No entanto, é verdade que muitos casamentos acabam fracassando justamente porque se repete ao infinito a decepção emocional experimentada com os próprios pais. Não existe, portanto, uma relação com a idade no que diz respeito à busca do pai e da mãe no parceiro, nem existe uma diferença de idade "ideal".

INFIDELIDADE CONJUGAL

A infidelidade conjugal pode ser entendida do ponto de vista psicológico?

Do ponto de vista psicológico, a infidelidade pode ter diferentes características, que diferenciam profundamente um caso do outro. Neste sentido, é extremamente difícil generalizar sem correr o risco de dar lugar a mal-entendidos. Darei aqui apenas alguns exemplos, sem ter a pretensão de esgotar as possibilidades do entendimento psicológico da questão.

Antes de tudo, queria refletir sobre o próprio termo "infidelidade". Geralmente, o termo é usado para definir qualquer tipo de vínculo que uma pessoa casada estabeleça com outra pessoa, fora do casamento. Naturalmente, são, sobretudo, os vínculos de caráter sexual que acabam sendo considerados como sinônimo de infidelidade. Não é raro, porém, perceber, no contato com os "infiéis", que nem sempre eles atribuem essa conotação às relações que eventualmente mantêm fora do casamento. Em alguns casos, as relações sexuais mantidas com outras pessoas fora do casamento, de forma habitual ou esporádica, são tidas como um "outro" tipo de relacionamento, que nada tem a ver com o casamento.

Quando falamos em infidelidade, estamos pensando no cônjuge traído, mas, se analisarmos as coisas do ponto de vista do(a) amante, perceberemos muitas vezes que a percepção que ele(a) tem é que o outro não está inteiramente na relação, pois vive a relação como algo ocasional, provisório, alternativo, muito diferente da relação que ele(a) tem com a própria mulher ou com o próprio marido. Naturalmente, isso traz uma sensação de estar sendo "usado(a)".

Do ponto de vista psicológico é interessante notar que não se trata do mesmo tipo de relação e de vínculo. Por esse motivo, embora a pessoa que é infiel se sinta culpada, geralmente não sente que está propriamente mantendo com o(a) amante a mesma relação que mantém com o marido ou com a mulher. Neste sentido, nem sempre sente que está sendo "infiel". É como se fosse criada uma cisão mental, voltada a permitir algum tipo de experiência que é frustrada na vida matrimonial. Isto explica também por que as estatísticas mostram que, raramente, o "adúltero", ao se separar, acaba de fato casando com o(a) amante.

A opção por manter um caso extraconjugal é muitas vezes vivida como uma forma de poder "suportar" aspectos do casamento que são percebidos de forma aversiva. Para alguns, a "infidelidade" é uma tentativa de se sentirem vivos, sobretudo quando o casamento fica atolado em uma rotina mortífera, ou quando a relação conjugal é caracterizada por ataques que abalam a estrutura emocional.

O ataque nem sempre é representado por atitudes claramente "agressivas". Podem ocorrer de fato ataques velados, aparentemente não agressivos. Este tipo de ataque, contudo, não é menos penoso para quem o recebe. É o caso de comportamentos que são formas sistemáticas de *ignorar o outro*, ataques silenciosos a qualquer iniciativa que o outro toma para dinamizar o casamento (uma viagem, um programa de fim de semana, um jantar a dois, uma fantasia sexual etc.). Quando o psiquismo se vê preso em um casamento desse tipo, aprisionado pela paralisia psíquica do outro, achar um parceiro sexual pode apresentar-se como uma tentativa desesperada para continuar a se sentir vivo.

Gostaria de frisar que a exposição desses exemplos não é um convite a um debochado "vale tudo". Muito pelo contrário, a apropriação de si, necessária para o equilíbrio psíquico, é um processo doloroso que comporta poder identificar e aceitar as próprias ambiguidades e fraquezas, bem como as ambiguidades e fraquezas do outro com quem vivemos. Acredito, porém, que os exemplos dados permitam entender que o comportamento humano é extremamente complexo do ponto de vista psíquico. Nem sempre a nossa maneira de sentir uma situação equivale à maneira como o outro sente a mesma situação.

Paradoxalmente, às vezes, ser infiel pode ser até uma forma desajeitada que o parceiro achou para permanecer "fiel" ao casamento, mantendo-se psiquicamente vivo. Isto não quer dizer que uma atitude desse tipo não seja questionável e que, portanto, seja um comportamento aconselhável, mas é o que de fato às vezes acontece diante da dificuldade de conter uma estrutura psíquica do cônjuge percebida como nociva para o próprio psiquismo. A infidelidade e o abandono sexual de um dos cônjuges podem ser o correspondente de uma infidelidade e de um abandono afetivo do outro cônjuge.

JOVENS E SEXUALIDADE

Sou uma educadora e tenho a preocupação em como falar de sexualidade e afetividade com a juventude de hoje, um pouco diferente de quando eu tinha a idade desses jovens. Acredito que a psicologia possa dar pistas interessantes nesse assunto.

Aqui seguem algumas dicas para refletir com os jovens com quem convive. Uma primeira constatação é a de que os jovens de hoje, de maneira geral, vivem em um contexto sociocultural que não impõe especiais restrições às experiências sexuais precoces. Não somente a imprensa, o cinema, a televisão e a internet divulgam com extrema naturalidade tais práticas, mas elas já se tornaram comuns em alguns lares. Um número crescente de pais admite o namorado ou a namorada dormindo em casa, permitindo ao casal uma total intimidade. Outros fornecem, sem hesitar, a caixinha de preservativos aos filhos antes de eles saírem para uma balada ou para uma viagem. É claro que esse extremo liberalismo ainda convive com ambientes onde o sexo é considerado imoral e censurado pelas famílias ou pelos grupos de caráter religioso. Mesmo assim, esses jovens vivem em um contexto social mais amplo, em que as práticas sexuais são vistas como algo absolutamente natural.

Uma primeira questão a ser abordada, a partir dessa situação, é o que significa, do ponto de vista psíquico, a facilidade de acesso à intimidade sexual. Os jogos sexuais e o próprio ato sexual proporcionam uma experiência única de proximidade física. Já que corpo e psique estão profundamente interligados, a experiência sensorial do contato com o corpo do outro remete a experiências sensoriais primitivas extremamente carregadas de registros emocionais. Não é de se estranhar, portanto, que o fato de tocar o corpo do outro e de experimentar uma união profunda com ele represente, do ponto de vista psíquico, uma experiência de extrema intensidade, que pode despertar, no plano inconsciente, ansiedades e angústias profundas. Isto é ainda mais verdadeiro se tal experiência, no plano real, é percebida como "falsa", por não existir de fato entre o casal o tipo de intimidade que o ato em si simboliza. O ato sexual, portanto, pode ser percebido pela psique como uma simulação, uma atuação no plano do *falso self* (Eu), que carrega em si uma experiência psíquica de esvaziamento.

Outro aspecto que complica a união sexual no plano psíquico é o fato de a relação com um parceiro de sexo oposto estar marcada pela relação que nós tivemos com os nossos pais. Tanto a relação com o genitor do mesmo sexo, como aquela com o genitor de sexo oposto, marcam a forma como nos aproximamos de alguém do sexo oposto e como o sentimos.

Finalmente existe outro aspecto, pouco abordado hoje em dia. O ato sexual, embora não se reduza a isso, carrega em si o potencial criativo de uma nova vida. Por não ser um gesto "neutro", envolve uma responsabilidade muito grande. O número significativo de adolescentes grávidas mostra que esse não é um problema de pouco peso, sobretudo se considerarmos a importância de que um bebê nasça em um ambiente "adequado", com pai e mãe adequados.

A resposta dada a esse problema é frequentemente superficial. Fala-se da importância de o jovem se prevenir, como se o uso da "camisinha" ou da pílula do dia seguinte fossem em si recursos infalíveis e ao alcance de todos e como se, no contexto emocional da excitação sexual e da inexperiência, tudo corresse sob o controle da razão.

Há ainda outro aspecto não menos importante. Em uma sociedade dominada pelo culto do consumo, o sexo se tornou mais um produto a ser consumido, um fetiche. O que caracteriza o fetiche, do ponto de vista psicológico, é a ausência. O fetiche é um objeto que remete a algo que está ausente. O fetiche é investido pelo desejo, "como se" fosse algo que não é. Quando se torna um produto de consumo, o sexo deixa de ser um encontro entre duas pessoas inteiras e passa a ser uma representação simbólica que envolve prazer, poder e *status*. Na realidade, o sexo vivido em um contexto meramente ocasional simboliza algo que está ausente: a relação. O sexo frequentemente substitui a falta de vínculos consistentes e se torna um mero ritual em busca de autorrealização e autossatisfação.

Esses são alguns temas relativos à sexualidade que podem ser refletidos junto aos jovens com quem trabalha.

A LOUCURA DA PAIXÃO

A mídia relata casos em que a paixão leva a pessoa a cometer loucuras. A paixão é diferente do amor verdadeiro? Pode ser algo doentio e que nos impede de raciocinar diante dos problemas?

Para quem já viveu uma paixão, é difícil acreditar que uma experiência tão intensa e envolvente possa ser definida como uma doença. Correspondida ou não, uma grande paixão fica como um ponto de referência, um momento luminoso da vida, que alimenta nossas lembranças e que gostaríamos de reviver.

Para alguns, a lembrança da paixão ajuda a sustentar um relacionamento morno; para outros, o "fim" da paixão é um sinal de que o relacionamento está fadado a se romper. De uma forma ou de outra, não há dúvidas de que a paixão é uma experiência extremamente carregada de energia psíquica, não importa qual seja o seu desfecho.

Freud, no entanto, considerava a paixão uma forma de neurose e, portanto, um processo doentio. A mídia parece confirmar o diagnóstico do pai da Psicanálise toda vez que nos traz algum caso em que a paixão tem um desfecho trágico, seja ele o sequestro ou o assassinato da pessoa "amada", ou o suicídio do amante não correspondido.

Mas por que uma experiência tão desejada pode tornar-se tão destrutiva? Como na maior parte dos casos, o que determina a "normalidade" de uma experiência psíquica é apenas o seu grau de intensidade.

Todos nós convivemos com momentos de "loucura" e de "depressão". Nosso psiquismo não tem um funcionamento linear. Ele se constitui e se mantêm "vivo", graças a uma polaridade, na busca do equilíbrio entre dois extremos, o "dentro", ou seja, o nosso mundo interno, e o "fora", ou seja, a percepção que temos do mundo externo.

A paixão é caracterizada por um processo que privilegia um dos dois polos: o nosso mundo interno. Todos nós carregamos "fantasias" a respeito de como deveria ser a mulher "ideal" ou o homem "ideal", a nossa cara metade, sem a qual nunca nos sentiremos "inteiros", completos. Essas fantasias se alimentam, em parte, de "desejos" que nascem de "necessidades" internas de acolhimento, de valorização, de cuidado.

A sensação é de que somente com aquela pessoa seremos felizes e poderemos realizar-nos como seres humanos. É como se, sem ela ou ele, não pudéssemos mais viver, ou seja, acabamos projetando fora de nós, na pessoa amada, algo que desejaríamos nos apropriar. É como se o outro fosse uma parte "perdida" (ou melhor, nunca integrada) de nós.

O que torna a outra pessoa o depositário dessa projeção geralmente não está ligado a uma percepção realista do outro. A projeção é de certa forma ativada, independentemente da realidade do outro, e sim, muito mais, a partir de uma necessidade interna, que determina a forma como o outro é percebido. Geralmente, o outro não é percebido, na sua totalidade, com virtudes e defeitos. Há, portanto, um processo de idealização.

O fato é que o outro passa a ser um gênero de primeira necessidade, sem ele não podemos mais viver. Quando esse processo se torna mais intenso e fica exacerbado, a sensação é de que não há possibilidade alguma de vida sem a presença do outro. Daí a necessidade de recorrer a medidas extremas, caso o outro resolva se afastar.

E o que tudo isso tem a ver com o amor? Muito pouco... A paixão pode ser o início de um grande amor, mas ainda não é amor. O amor surge a partir do momento em que o outro é percebido como um ser "inteiro", com virtudes e defeitos. O amor é a possibilidade de acolhimento de alguém que é percebido como um mundo separado do nosso, um mundo que gostaríamos de habitar, apesar de suas paisagens obscuras e de suas regiões pantanosas.

MARIDO FOLGADO

Ganho muito mais do que o meu marido, que gasta bem além do que ganha e ainda passa a imagem de que é ele quem sustenta a família: carro do ano e tudo o mais. Além do mais, costuma me tratar mal até na frente da minha família. Trabalho muito e duro para bancar necessidades que não são minhas e estou cansada, mas não consigo ter com ele uma conversa franca. Quando tento, fico pensando se não estou sendo egoísta, mesquinha e desisto. Como posso proceder?

Sua "raiva" pela situação que a aflige, além de justificada, é saudável, pois é um primeiro movimento em busca da autonomia. Isto supõe o reconhecimento das próprias necessidades internas como separadas das necessidades do outro. Não se trata, portanto, de "egoísmo", mas sim de uma tentativa do seu Eu de criar um espaço que possa ser habitado por ele e que seja respeitado pelos outros. Sem esta autonomia não podemos amar. "Amar os outros como a nós mesmos" supõe de fato a existência de um "Eu mesmo" (*self*).

Muitos pensam que a coisa mais difícil seja controlar os próprios desejos, mas a experiência de atendimento clínico mostra o contrário. Frequentemente, é muito mais difícil poder tomar consciência dos próprios desejos, acolhê-los e manifestá-los do que reprimi-los. A estrutura que permite ao ser humano habitar seus desejos desenvolve-se nos primeiros meses de vida, mas nem sempre esse desenvolvimento acontece de forma adequada.

Uma mãe que por razões pessoais seja ansiosa, deprimida, inconstante, incapaz de perceber as necessidades do seu bebê, não possibilita a experiência singular em que o bebê pode vivenciar livremente seus desejos, tendo suas necessidades atendidas. Essa experiência, do ponto de vista psíquico, representa muito mais do que uma simples sensação de satisfação. O bebê, ao desejar ser alimentado, por exemplo, "sonha" com uma mãe que o alimenta. Se a mãe aparece naquele momento para alimentá-lo, o que ele criou na sua fantasia torna-se real; é como se o desejo do bebê tivesse criado algo em sua volta.

A estrutura do desejo é muito importante, porque é através dela que a pessoa desenvolve a sensação de estar viva, de ter um lugar no mundo, a possibilidade de sonhar (em todos os sentidos) e de ter confiança. Quando isso não acontece, em vez de a mãe se adaptar ao bebê, é o bebê que se adapta à mãe. Esta facilidade de se adaptar acaba favorecendo o desenvolvimento de uma personalidade submissa, que, para não perder o olhar benévolo do outro, faz tudo para agradar. O preço que essas pessoas pagam é muito alto: senso de não existência, depressão, vazio interior.

Já o funcionamento psíquico do seu marido parece, pela sua descrição, ser o oposto. A realidade não pode ser reconhecida. Ao contrário, é manipulada para satisfação do próprio desejo (tendência ao endividamento, a viver acima das próprias possibilidades, a fazer de si o centro da atenção). O outro, neste caso, é percebido unicamente como um prolongamento de si mesmo, dos próprios desejos e não pode ser "enxergado" na sua diversidade. No entanto, para que uma relação seja saudável, é necessário que a realidade do outro possa ser reconhecida. Somente assim é possível a experiência da realidade compartilhada, muito diferente da experiência da realidade "alucinada" unicamente a partir do próprio mundo interno.

MEDO DE UM COMPROMISSO SÉRIO

Meu único irmão tem 20 anos e diz que não quer namorar porque isso "dá trabalho e gasta dinheiro". Um amigo dele disse certa vez que não está "pronto" para namorar e que prefere ter várias meninas ao mesmo tempo para não se sentir preso. O que acontece com esses jovens? Por que eles têm tanto receio de um compromisso?

É bastante comum, nos consultórios, ouvir a mesma queixa por parte de pacientes do sexo feminino, sobretudo quando elas estão em busca de um parceiro para formar uma família: "Os homens hoje não querem mais saber de compromisso sério". Acredito que várias questões se entrecruzam por trás de sua pergunta. Uma delas é a tendência dos jovens de hoje a "atrasarem" sua saída de casa. Meses atrás, estava lendo um livro publicado nos Estados Unidos justamente para ajudar os pais a lidar com os filhos "adultoscentes"; um nome que foi forjado por lá para definir os adultos que permanecem, de alguma forma, adolescentes. O problema está tornando-se cada vez mais grave na Europa e nos Estados Unidos; no Brasil, está começando a se tornar mais comum. Com as mudanças que ocorreram no cenário mundial, a vida familiar também mudou bastante. A necessidade de prolongar cada vez mais os estudos e a dificuldade de achar emprego são fatores que atrasam a entrada dos jovens na vida adulta. Além disso, muitos pais tendem a superproteger os filhos, provavelmente por se sentirem culpados de não ficar muito tempo com eles por causa do trabalho, ou por não poderem dar a eles tudo o que a sociedade do consumo impõe como "necessidade". Na escola, os próprios professores acabam por ser muitas vezes reféns dos alunos, por eles serem os "clientes" que pagam seus salários (escolas particulares), ou simplesmente por se sentirem ameaçados por suas atitudes violentas (escolas públicas). Enfim, tudo isso não favorece os jovens, que acabam não sabendo lidar com suas responsabilidades.

Mesmo quando o cenário familiar é saudável e quando a escola cumpriu de maneira mais ou menos favorável o seu papel, hoje em dia um jovem dificilmente pode ser considerado maduro com 20 anos. Há uma tendência entre os que estudam o comportamento humano de se considerar que a adolescência se prolonga até os 27 anos. A tudo isso se acrescentam motivos de caráter cultural, que ainda tendem a ridicularizar os jovens que se "amarram" em uma única mulher desde muito cedo. Na cultura brasileira, provavelmente mais que em outras culturas, o homem tende a não considerar o compromisso amoroso como exclusivo.

Além desses motivos de caráter externo, podem existir motivos de caráter interno. Neste caso, o discurso aplica-se tanto aos homens como às mulheres. Em alguns casos, devido a situações ligadas ao desenvolvimento emocional primitivo (dos primeiros meses de vida), a pessoa desenvolve uma dificuldade em estabelecer vínculos afetivos ou então tende a se sabotar para não ter vínculos consistentes. Estes mecanismos levam a se vincular à pessoa errada (muito ciumenta, dominadora, muito mais jovem ou muito mais velha, ou então a alguém que mora muito distante etc.). Geralmente, nesses casos, predomina a tendência a idealizar demais a pessoa amada, tornando-a inacessível ou inalcançável.

De qualquer forma, é perfeitamente normal, nos dias de hoje, que um jovem ou uma jovem de 20 anos não queira um compromisso estável. Muito dificilmente, nessa idade, existem condições materiais para isso. Normalmente, a não ser que existam problemas emocionais conforme mencionado acima, quando a pessoa atingiu a maturidade, tende naturalmente a se vincular de forma mais estável. Respeitar essa maturação natural é a atitude mais sábia.

A MENOPAUSA

Tenho mais de 40 anos e a menopausa está fazendo parte da minha vida. Venho sofrendo modificações em meu humor, em meu físico. Contudo, o que mais me preocupa é a falta de desejo sexual. Meu marido ainda não aceitou essa situação atual na minha vida. Eu quero muito fazê-lo feliz e realizado, pois nos amamos muito. Porém não é tão fácil assim. Não consigo ser como antes. Será que não vou melhorar? Não vou conseguir ser uma mulher como antes? Como devo explicar para ele essa nova fase da minha vida?

A menopausa é um momento delicado para a mulher, pois envolve transformações físicas que podem estar associadas a modificações psíquicas. A queda do desejo sexual pode ser um dos sintomas dessas mudanças. Do ponto de vista físico, isto pode estar associado inclusive a uma menor lubrificação dos órgãos sexuais femininos, o que acarreta uma sensação de dor durante a relação sexual. Os quadros, porém, embora possam apresentar elementos em comum, não são iguais. É, portanto, importante que o médico ginecologista seja consultado para um acompanhamento do processo do ponto de vista físico.

A perda do desejo sexual, porém, pode não estar ligada apenas a fatores fisiológicos. Depois dos quarenta anos, tanto o homem como a mulher entram em contato com os sinais evidentes do envelhecimento (rugas, cabelos brancos, problemas de saúde, perda da forma física etc.) Perceber que não se pertence mais ao "grupo de frente" é bastante complicado numa sociedade em que a juventude, a beleza e a forma física são valorizadas como elementos essenciais do sucesso e da aceitação do meio social. Isto pode acarretar, do ponto de vista emocional, reações de vários tipos.

Alguns tentam negar o fenômeno, adotando uma atitude de caráter quase "maníaco". O cuidado com a forma física torna-se obsessivo e, ao mesmo tempo, surgem comportamentos que parecem fora de lugar numa pessoa de meia-idade e que remetem a uma espécie de adolescência fora do tempo. Isto pode, inclusive, levar a uma espécie de necessidade compulsiva de arrumar novos parceiros sexuais, quase a perpetuar a potência sexual. Este fenômeno é mais comum entre os homens, mas há também algumas mulheres que recorrem à busca de novos parceiros, inclusive mais novos do que elas, para "se sentirem vivas".

Outros, dotados de uma estrutura psíquica diferente, acabam sendo dominados por núcleos "depressivos". Neste caso, a tendência é de se descuidar, comer em excesso e engordar, retrair-se da vida social, fechar-se em uma rotina esvaziada. O desejo sexual diminui progressivamente e a pessoa perde todo o interesse sexual pelo parceiro. Os dois comportamentos podem também aparecer de forma alternada na mesma pessoa, que passa então de períodos de euforia a períodos de depressão.

Evidentemente, em ambos os casos, temos situações psíquicas que não estão apenas ligadas ao fenômeno da menopausa ou da andropausa, e sim a questões mais complexas que têm a ver com a estrutura geral do psiquismo de cada pessoa. O gosto pela vida não está associado a nenhuma das duas atitudes descritas acima, e sim à possibilidade de integrarmos as novas situações que a vida nos apresenta com realismo e, ao mesmo tempo, com criatividade. Acredito que, depois dos quarenta, o ser humano é chamado a integrar em si a ideia da morte, do limite, e a desenvolver certa capacidade de estar só. E este não deixa de ser um grande desafio, que permite adentrar novos territórios da existência e novas formas de estar no mundo.

No seu caso, parece haver um desejo de ser a mulher de "antes", de se sentir novamente viva e, ao mesmo tempo, há uma sensação de impotência e um desejo que o seu parceiro possa acolhê-la em sua nova situação. Acredito que o problema possa ser superado, mas não tentando voltar ao tempo (a mulher de antes), e sim aceitando as mudanças que a idade traz (a mulher de agora). Cada fase da vida tem seu atrativo, cabe a nós descobri-lo.

LOBA SOLITÁRIA PROCURA PRÍNCIPE DAS MARÉS

Costumo acessar salas de bate-papo na internet e tenho conhecido várias pessoas através desses encontros virtuais. Nas salas, rola um clima de paquera, e eu acabei me ligando a uma pessoa que ainda não conheço "ao vivo". O namoro virtual é algo errado do ponto de vista psicológico?

Quando entra na sala de bate-papo, Maria se transforma na "Loba Solitária". Este é o apelido (*nickname*, como dizem os internautas) que ela escolheu para si. Maria é uma tímida moreninha de 42 anos que mora no interior paulista. Magrinha, usa óculos e, quando passa na rua, não costuma chamar a atenção dos homens. No entanto, a Loba Solitária é uma provocante morena, ousada, que gosta de vestir roupas sensuais e chamativas. Pelo menos essa é a imagem que tem dela Ricardo, um rapaz solitário, gordinho, com cerca de 40 anos, com quem ela costuma "teclar" de noite, depois do trabalho.

Ricardo mora na capital e trabalha como balconista em uma loja de materiais de construção. Na internet, ele assumiu a personalidade "Príncipe das Marés", título de um filme romântico que chamou sua atenção. Na internet, o lado romântico da alma do Ricardo pode dar asas à imaginação. Com a Loba Solitária, ele vive intensas noites de amor.

Não faltam pequenas cenas de ciúme quando um pequeno atraso em responder a uma mensagem faz a Loba imaginar que o Príncipe está teclando com outra mulher. O primeiro problema surgiu na hora de trocar as fotos. Maria escolheu uma foto, tirada quatro anos antes, em que aparece apenas o seu rosto, meio na sombra. Ricardo também escolheu uma foto de alguns anos antes, em que ele era um pouco mais magro. Naturalmente, nem ele é o Príncipe que ela imaginava, nem ela é a Loba que ele imaginava. O curioso é que, na realidade, nenhum dos dois se importou muito com isso, pois acabou prevalecendo a imagem idealizada do outro que cada um construiu na internet.

Naturalmente, estamos falando de um caso em que os dois internautas foram honestos um com o outro. Ricardo nunca escondeu de Maria que era balconista e que estava um pouco acima do peso e, um belo dia, Maria confessou que usava óculos e que não era a morena sensual que ele imaginava. No entanto, no mundo virtual, onde quase tudo é possível, alguém pode estar "teclando" com alguém absolutamente diferente de quem ele imagina. É até possível que homens se passem por mulheres e vice-versa.

Do ponto de vista psíquico, pude observar na clínica que as relações pela internet permitem que as pessoas "liberem" aspectos de sua personalidade que, no mundo real, costumam ser ocultados. Quem é tímido passa a descobrir o seu lado mais ousado. Pessoas que costumam ocultar seus sentimentos passam a ser mais comunicativas. O mundo virtual é, de fato, um espaço "intermediário" entre a realidade e o mundo interno das pessoas e que pode ser usado como uma ponte que facilita a comunicação entre o mundo interno e o externo. É uma espécie de brinquedo, com o qual as pessoas podem brincar para entrar mais em contato com elas mesmas.

O problema é que as relações estabelecidas no mundo virtual são altamente projetivas. Ou seja, a imagem que formamos do outro, por ser menos exposta à crítica da realidade, passa a ser muito mais uma imagem interna do que uma imagem "real". Se a paixão já favorece esse tipo de relação projetiva, a relação amorosa virtual a exaspera. Tudo se decide no dia em que o Príncipe encontra a Loba na vida real e ambos começam a partilhar experiências comuns e pedacinhos da realidade do outro, descobrindo aos poucos a Maria que se esconde atrás da Loba e o Ricardo que se esconde atrás do Príncipe.

CASAMENTO E DIFERENÇA DE IDADE

Meu tio viúvo, com 55 anos, resolveu namorar uma moça com menos da metade da idade dele. Nossos parentes estão divididos, pois uns aceitam e outros condenam veementemente a atitude do meu tio. Particularmente, acho que para amar não há idade, mas membros de nossa família chamam meu tio de "velho sem-vergonha", alegando que ele deveria não se preocupar mais com essas "coisas". Meu tio anda muito chateado, em dúvida se o que aconteceu com ele é mesmo um erro. Eu gostaria de dizer algo que o acalmasse e o ajudasse nesse momento. Como o senhor poderia me ajudar?

É possível que uma moça nova goste realmente de um homem 20 anos mais velho? E, no caso de um rapaz novo, ele pode gostar de uma mulher mais velha? O que a idade tem a ver com o amor? Essas questões costumam dividir as opiniões: de um lado, os que defendem o casal apaixonado; do outro, os que o consideram uma afronta ao bom senso e aos "bons costumes".

Do ponto de vista psicológico, não podemos deixar de observar a intensidade das emoções que a decisão do seu tio despertou na família. As reações indicam que todos se sentiram "atingidos" de alguma forma pela sua opção. Frequentemente, de fato, o outro serve como um espelho, no qual refletimos a nossa imagem e o nosso mundo interno. Cada um deveria, portanto, perguntar-se o que está rejeitando ou defendendo de si mesmo na situação do tio. O fato é que a decisão cabe unicamente a ele, avaliando os prós e os contras e sabendo que toda opção supõe sempre uma perda, um morrer para algo.

Para um homem com mais de quarenta anos, uma moça nova pode representar uma forma de aliviar a ansiedade ligada ao processo do envelhecer, que invariavelmente remete à morte. Nem sempre, contudo, o amor por uma pessoa mais nova é uma fuga. Em alguns casos, pode representar um estímulo para lidar com mais serenidade com o próprio envelhecer, evitando assim que a sua aceitação corresponda a uma renúncia à vida. O ideal, de fato, é que possamos envelhecer, continuando a nos sentir "vivos". Se um novo amor vem a nos permitir essa experiência, que seja bem-vindo.

É bastante comum que os filhos se oponham a um novo casamento do pai viúvo. Quando a noiva poderia ser irmã deles, evidentemente a dificuldade é maior. Pode ser apego à "memória" da mãe, mas pode ser também que os filhos fiquem com inveja da renovada possibilidade de o pai "estar vivo", sobretudo quando essa possibilidade parece negada a eles. Neste caso, o pai pode representar, inconscientemente, um obstáculo simbólico, a não ser que possa ser simbolicamente "morto", para que os filhos possam viver a sua vida.

Evidentemente, nem sempre é assim. Em outros casos, filhos com um funcionamento psíquico mais saudável podem identificar-se com a imagem interna de um pai cheio de vida, "potente", capaz de entrar em contato com o próprio erotismo. A identificação nesses casos não é corroída pela "inveja inconsciente" e o pai pode ser assimilado pelo psiquismo como um objeto interno bom.

Por outro lado, para uma moça nova, o homem mais velho pode representar um pai bom, sobretudo quando essa identificação não aconteceu adequadamente com o próprio pai. Paradoxalmente, isto não impede que a relação seja marcada por um nível normal de erotismo. Enfim, pode não se tratar do tradicional golpe do baú, como muitos pensam. Isto não evitará alguns problemas devidos ao "descompasso" que a idade pode trazer. Para que não surjam problemas no relacionamento, a disponibilidade física e psíquica de um deve poder encontrar um eco adequado nas necessidades do outro. Talvez esta seja a parte mais difícil, pois exigirá ajustes e aceitação dos limites e das formas de ser do outro.

OS OPOSTOS SE ATRAEM?

Sempre escutei de algumas pessoas que, em relação à vida matrimonial, "os opostos se atraem". Será que isso é verdade? É claro que o marido, por exemplo, não é obrigado a gostar de tudo o que a esposa gosta, mas acho que, na maior parte das coisas, os dois devem combinar. Será que estou errada? O que será que mais leva as pessoas a ficarem juntas no casamento: o que nelas combina ou não combina?

A forma como o ser humano se relaciona com os outros no plano afetivo é moldada no início de sua vida. Tendemos, portanto, a repetir situações emocionais vividas na primeira infância, sobretudo quando estas apresentam algo enigmático que não pode ser "digerido" pelo psiquismo. Um exemplo poderá ajudar a entender a forma como buscamos nossos parceiros na vida amorosa.

A mãe de Maria teve uma gravidez difícil. O casamento estava em crise. O marido parecia ter perdido o interesse por ela, e ela desconfiava que houvesse outra mulher. À medida que a gravidez avançava, sentia-se cada vez mais gorda e feia, sem condições de "competir" com as mulheres mais novas e bonitas. O nascimento do bebê parecia não fazer sentido. Até que o bebê nasceu.

Naturalmente, a mãe não poderia de forma alguma admitir os sentimentos hostis que nutria pelo bebê. Tais sentimentos foram "reprimidos", guardados a sete chaves no inconsciente. Como reação, a mãe de Maria desenvolveu um sentimento inconsciente de culpa e uma ansiedade profunda e inexplicável que a dominava e a deixava bastante deprimida toda vez que cuidava do bebê. Apesar disso, a impressão que ela passava era de uma mãe preocupada e boa.

A ansiedade e os sentimentos inconscientes de hostilidade e de culpa resultam em um cuidado invasivo e são inconscientemente assimilados pelo bebê. Maria, portanto, passou a nutrir em relação à mãe sentimentos ambíguos, de amor e ódio. Embora sendo bem--cuidada, o cuidado não era percebido como algo bom, amoroso, mas como algo invasivo. Este será para Maria um padrão que a levará a sentir as relações como ambíguas e de certa forma hostis. Para ela será difícil se ligar a alguém, mas ao mesmo tempo, paradoxalmente, tenderá a procurar um homem que de alguma forma repita o padrão afetivo da mãe.

Como o aparelho digestivo, o aparelho psíquico precisa "digerir" determinadas situações "inexplicáveis". Como a comida "pesada" tende a "voltar" para ser novamente digerida, da mesma forma o psiquismo tende a "reproduzir" a mesma situação para digeri-la, significá-la. São esses padrões emocionais que podem levar a pessoa a buscar um companheiro de um determinado tipo.

Contudo, não haveria a possibilidade de enamorar-se de alguém se esta pessoa não nos atraísse por alguma razão. Nem sempre, porém, o que nos atrai é real. Às vezes está ligado a alguma fantasia. O que a pessoa apaixonada está "vendo" no parceiro é frequentemente muito mais uma criação dela – uma projeção – do que algo realmente pertencente ao outro.

Quanto aos aspectos ruins, eles são percebidos de alguma forma, mas sempre com a firme esperança de que o outro irá "mudar". Há, portanto, uma idealização que nos leva a buscar, na pessoa amada, aspectos "bons" que nos fazem falta. Quando a idealização não é patológica, a "realidade" do outro (normalmente muito diferente de nossas idealizações) pode ser suportada. Neste caso, pode de fato haver uma busca de aspectos complementares (tidos como opostos), não desenvolvidos pelo psiquismo, mas o "encontro" pode também ser favorecido por aqueles aspectos "bons" (afinidades) que nos caracterizam e que são de alguma forma revitalizados ao serem "encontrados" no outro.

Uma relação amorosa saudável permite um reforço dos aspectos bons que nos caracterizam e que são comuns ao casal, mas também permite o enriquecimento com novos aspectos que caracterizam o "mundo" do outro. Se cada um puder respeitar o outro, haverá uma relação saudável e enriquecedora que permitirá a ampliação do psiquismo de ambos.

A PEDOFILIA

Gostaria de entender um pouco mais sobre a pedofilia. O que leva uma pessoa a esse ato tão insano? Em decorrência desse abuso sexual, que problemas psíquicos podem surgir na vida da vítima ao longo dos anos?

Os problemas psicológicos que levam uma pessoa a praticar a pedofilia podem ser de vários tipos, às vezes podendo estar tal prática associada à homossexualidade ou a práticas sexuais como o voyeurismo, o sadismo, o fetichismo etc. Não é raro inclusive encontrar pedófilos que, por sua vez, foram vítimas de abuso sexual na infância ou de violências. De qualquer forma, nem sempre é fácil identificar um pedófilo. Muitas vezes trata-se de pessoas aparentemente "normais". Às vezes eles ocupam cargos que os aproximam naturalmente de suas possíveis vítimas, tornando, assim, difícil que a sociedade desconfie deles.

As consequências do abuso sexual variam conforme as circunstâncias que caracterizaram o próprio abuso e a predisposição psíquica da criança. Não é possível, portanto, generalizar e prever a intensidade dos problemas que poderão surgir ao longo da vida da criança.

O abuso pode envolver uma simples molestação sexual da criança, sem que esta tenha uma clara consciência de que algo "ruim" esteja acontecendo naquele momento. De qualquer forma, mesmo que a criança não tenha consciência daquilo que realmente está acontecendo, permanece uma sensação de estranheza que pode afetar o seu inconsciente. É como se o prazer e a sexualidade ficassem envolvidos por um sentido enigmático, perturbador, que mais tarde pode reaparecer de forma inconsciente, "atrapalhando" a vida sexual da vítima e o seu acesso ao prazer.

Quando os episódios de pedofilia envolvem penetração genital e situações constrangedoras, que "expõem" a vítima, ou o uso da violência física, o trauma é sem dúvida maior. As consequências nesse caso podem não afetar apenas o desenvolvimento sexual da criança e do futuro adulto, mas também o seu desenvolvimento psíquico.

Há casos, por exemplo, em que o abuso sexual aliado a estruturas psíquicas já predispostas pode favorecer o desenvolvimento de quadros de "perversão" ou até de psicopatia. A "perversão", do ponto de vista psicológico, não deve ser confundida com um juízo moral. O perverso de fato está dominado por núcleos que já Freud considerava muito próximos da psicose. A dificuldade do perverso é suportar os limites que lhe são impostos pela realidade. À diferença do psicótico que vive à mercê do seu mundo interno, sem conseguir articulá-lo com a realidade externa, o perverso percebe a realidade, mas vive em uma constante tentativa de manipulá-la, para dar livre vazão aos seus desejos. É como se ele precisasse constantemente mentir a si mesmo, para que o contato com o mundo externo se torne suportável. É compreensível que uma experiência traumática como o abuso sexual na infância favoreça ainda mais essa necessidade de negar a realidade que se apresenta como repulsiva.

De qualquer forma, é sempre aconselhável que quem sofreu abuso sexual se submeta a um tratamento terapêutico que o ajude a lidar melhor com o trauma e a desenvolver estados psíquicos mais complexos.

A SEPARAÇÃO

Tenho 46 anos e passei 20 anos com uma mulher, 10 dos quais casado. Minha ex-mulher tinha dois filhos de um casamento anterior e teve outro, hoje com 10 anos, comigo. Quando passamos a morar todos juntos, nossa relação desmoronou. Há três anos conheci outra mulher, de 30 anos, pela qual me apaixonei e com a qual passei a namorar (decidi acabar com o casamento). Mas hoje estou dividido: sinto-me um tanto irresponsável por ter abandonado minha antiga companheira, mas gosto das duas mulheres (e as duas me disputam). O que faço?

A liberdade humana traz consigo uma inevitável radicalidade. Como dizia o filósofo Sartre, "o homem está condenado a ser livre". Escolher é sempre morrer, porque, ao escolher uma das existências possíveis, se está ao mesmo tempo morrendo para todas as outras. A situação da qual fala em sua carta não é simples, pois envolve uma série de relações, todas elas complexas.

Sua primeira mulher já vinha de um casamento anterior. Sua primeira relação não foi apenas com uma mulher, mas também com sua história de vida, que incluía um marido e filhos. Muitas vezes, ao entrar em uma nova relação, pensamos que seja possível pôr uma pedra sobre o passado e "esquecer" tudo, virando a página do livro de nossa vida. Mas não é bem assim.

Uma leitura psicológica da frase bíblica "O homem não separa o que Deus uniu" sugere que uma determinada relação que começou a fazer parte da nossa vida, ou daquela do nosso parceiro, não pode ser "esquecida", "separando" algo que foi unido num plano muito profundo. Quando um homem e uma mulher estabelecem entre si um vínculo amoroso, cria-se uma intimidade que envolve a dimensão sexual e emocional. Este vínculo se torna parte de nós e nos acompanha para o resto da vida. Ao casar com a sua primeira mulher, estabeleceu-se esse vínculo, que certamente agora "incomoda" a sua segunda mulher.

Por sua vez, sua primeira mulher já tinha um vínculo com outra pessoa, e os filhos representam a expressão viva desse vínculo. Desta primeira relação nasceu um filho "seu", que se confrontava com os filhos "não seus" e tinha uma mãe cujos filhos eram, em parte, seus e, em parte, não seus. Sem dúvida, trata-se de uma situação muito complicada, do ponto de vista emocional, para todos os envolvidos. Provavelmente, seja por causa disso que, "quando todos passaram a morar juntos", a relação desmoronou. Seria importante descobrir as causas reais que levaram a esse desmoronamento, talvez com a ajuda de um profissional (psicólogo, analista). De qualquer forma, sua pergunta – "O que fazer?" – deixa transparecer toda a angústia que essa situação envolve e o seu sofrimento.

Não há soluções mágicas e ninguém pode decidir no seu lugar. Qualquer decisão envolve "perdas". O importante é que a decisão seja "sua", ou seja, que brote do mais íntimo de sua alma, que tenha a ver com o seu mundo interno e com suas convicções mais profundas, e que não seja ditada por conveniências, imposições externas, meias-verdades ou medo. Se a decisão for realmente "sua", por mais difícil que seja, será suportável e trará novamente a paz interior.

PAIS E FILHOS

O TRAUMA DO ABORTO

Quando o assunto é aborto, há sempre muita polêmica. Sei que algumas religiões são contrárias a essa prática. Contudo, acho vago afirmarem que é um trauma para a mãe praticar aborto. Que traumas são esses? Que "prejuízos" ela terá para o resto da vida?

A gravidez, desejada ou não, traz uma série de importantes transformações no corpo da gestante. Levando em conta a íntima conexão entre a psique e o corpo, podemos intuir que a gravidez traz também importantes transformações psíquicas para a mulher. Do ponto de vista físico, o feto está intimamente ligado ao corpo da mulher. Sua diferenciação como ser biologicamente autônomo é progressiva e, somente no ato do nascimento, com o corte do cordão umbilical, chega a ser definitiva.

Apesar dessa profunda unidade, em determinadas circunstâncias, o feto pode ser sentido pela mulher como algo "separado", sobretudo quando a gravidez é indesejada – podemos pensar, por exemplo, na gravidez fruto de estupro ou de alto risco para a vida para a mãe. Nestes casos, o feto pode chegar a ser considerado um "agressor". Contudo, para a mulher grávida, as coisas não são tão fáceis. Se existe de fato uma consciência de que o feto não é ela, ou uma percepção de que o feto é um agressor, por outro lado, há também uma identificação com o feto, como uma parte dela mesma.

No caso de uma gravidez indesejada, temos, portanto, um paradoxo. A mulher nutre sentimentos hostis por algo que é intimamente ligado a ela, por algo que, de certa forma, é "percebido" como ela mesma. Temos aqui uma primeira grave violência do ato abortivo, que, mesmo quando consentido, tende a ser sentido pela mulher como uma agressão contra ela mesma, pois algo dela é "atacado" e "morto". Daí o ressentimento que frequentemente as mulheres sentem em relação aos que as encorajaram a abortar.

Por outro lado, a gravidez traz consigo outro paradoxo, pois o feto é também sentido como um "outro", uma vida autônoma "separada" do corpo da mulher. Com esse "outro", a mulher estabelece uma ligação afetiva, que, como todo vínculo afetivo, é complexa. Ela sente de alguma forma ser a guardiã daquela vida indefesa, guardada no seu ventre. Esse sentimento "bom", evidentemente, é mais intenso quando o feto é fruto de uma relação amorosa sentida como boa. No entanto, em determinadas circunstâncias, a relação afetiva com o feto pode ser ambígua e até aversiva. Além dos dois casos acima mencionados (estupro e risco de vida), uma gravidez difícil, com fortes dores, ou uma gravidez que advém em um momento difícil do casamento ou prematuramente (adolescente grávida) também podem trazer sentimentos aversivos.

Neste caso, o feto pode até vir a ser "odiado". Não vamos, porém, esquecer que o ódio, do ponto de vista psíquico, é sempre a outra cara do vínculo amoroso. É, portanto, comum, mesmo nos casos de gravidez indesejada, que o ato abortivo traga consigo intensos sentimentos de culpa, que costumam voltar à tona quando a mulher fica novamente grávida e, sucessivamente, quando outro bebê nasce. Isto se manifesta em forma de sentimentos inconscientes de angústia, que levam à vivência de intensos estados ansiosos (por exemplo, um medo exagerado de que o bebê adoeça ou morra). Acredito poder dizer que em nenhum caso o aborto é vivido como algo "simples" pelo psiquismo da mulher e, com certeza, em alguns casos, as consequências psíquicas são severas.

O ABORTO PSICOLÓGICO

O senhor mencionou em seu artigo anterior as dificuldades psicológicas que enfrenta quem aborta, mas o que dizer das crianças que nascem sem condições de serem criadas, tanto material como psicologicamente?

A pergunta do nosso leitor é de extrema importância. Geralmente, quando se fala em aborto, esquecemos que a vida do bebê depende não apenas da não interrupção da gravidez, mas também dos cuidados que ele recebe desde os primeiros momentos de sua vida.

O nascimento de um ser humano não é um acontecimento qualquer. Na escala dos seres, o bebê que nasce é um ser altamente sofisticado. Sua fragilidade física pode nos enganar. Aquele pequeno embrulho choroso já contém em si todas as potencialidades de um ser humano completo.

O que vai acontecer com ele, desde o primeiro dia de vida, é algo absolutamente incrível. A complexidade das construções psíquicas que se dão desde os primeiros dias é inimaginável. No entanto, o êxito dessa maravilhosa construção depende não apenas do mero cuidado físico (limpar, dar de mamar etc.). Para que tudo corra bem e o bebê possa de fato nascer do ponto de vista psíquico são necessárias interações com o ambiente externo bastante complexas, que envolvem um clima emocional saudável e bem-disposto.

Tudo isso significa que o bebê deve ser de alguma forma "sonhado" pela mãe, seu nascimento deve ocorrer no psiquismo da mãe, antes mesmo de ele ser dado à luz. O período da gravidez é uma preparação nesse sentido, mas é, sobretudo, com o nascimento que o bebê sente se ele é "esperado" e se há um lugar para ele no mundo.

Existe uma forma de aborto que é mais comum do que se pensa e que é praticada sem grandes constrangimentos do ponto de vista moral. Trata-se do aborto "psicológico", cujas consequências não são menos graves, pois representam uma séria ameaça à vida psíquica do bebê.

Sabemos que, até no mundo animal, os cuidados maternos não incluem apenas a alimentação, mas também uma série de cuidados de outro tipo, que envolvem manifestações de afeto, contato físico, brincadeiras, proteção, aconchego etc. O "filhote" humano também precisa de tudo isso.

De forma bastante hipócrita, alguns segmentos da sociedade se preocupam preponderantemente em defender a vida física do bebê que vai nascer. Em alguns países, o aborto é considerado um crime contra a vida e é punido pela lei. Outros países o permitem em certas condições e, em outros, é permitido sem restrições. Mas quantos se preocupam com outros tipos de aborto que acontecem depois do nascimento? O problema é que uma mãe não é mãe apenas pelo fato de ter dado à luz. Embora ela seja dotada de um instinto natural materno, nem sempre tem condições de recorrer a ele. Para o ser humano, a maternidade deve ser um ato consciente, desejado e assumido com responsabilidade.

Infelizmente, nem toda mãe pode fazer isso e, nesse caso, ela não conseguirá viver sua maternidade de forma adequada. Isto trará invariavelmente consequências para o seu bebê. As mães que "dão" o filho são frequentemente olhadas com desprezo e condenadas, mas, provavelmente, estão agindo com mais responsabilidade se comparadas com as mães que "assumem" o seu bebê como um "fardo" e procuram adaptar-se à sua existência de forma resignada.

Por outro lado, não quero passar a impressão de que a maternidade possa ser vivida sem passar por sentimentos ambíguos em relação ao bebê. De certa forma, é perfeitamente normal que uma mãe se sinta, em algum momento, oprimida pelo peso da maternidade e chegue até a ter uma espécie de "ódio" pelo bebê.

Dependendo da intensidade desses sentimentos aversivos da mãe e da sua duração, o bebê pode lidar com isso. O problema é quando esses sentimentos se instalam na mãe de forma permanente e definitiva ou, pior ainda, quando o bebê é obrigado a lidar com uma ambiguidade "enlouquecedora", pois as declarações de amor e gestos de afeto da mãe são seguidos de ataques, agressões e velada violência.

QUANDO FALAR SOBRE A ADOÇÃO?

Tenho uma pessoa em minha família que foi adotada quando ainda era um bebê de poucos dias. Hoje ela é uma jovem de quase 20 anos e não sabe sobre sua verdadeira origem. Diante disso, que implicações uma revelação como essa teria na vida dela? Não seria mais correto ter contado logo na infância? Em caso de adoção, qual a melhor postura da família?

A adoção é um processo delicado do ponto de vista psicológico, não somente para o filho adotado, como também para os pais que adotam. Existe de fato por trás de toda adoção uma "falta" que remete a uma ferida psíquica. Faltam os pais para o filho adotado e falta um filho para os pais adotivos. Ambos têm de lidar com uma falta. Os pais devem, em primeiro lugar, poder lidar com a falta do filho natural para poder ajudar o filho adotivo a lidar com a falta dos pais naturais. Se a falta for uma ferida aberta no coração dos pais, é muito provável que se torne uma ferida aberta no coração do filho adotivo.

As longas tramitações para que a adoção se concretize, do ponto de vista jurídico, oferecem uma oportunidade para que esse período seja vivido pelos pais como uma verdadeira gestação. Eles estão grávidos de um filho que vai "nascer". Assim como os pais naturais não "conhecem" o filho antes que ele nasça, também os pais adotivos não o conhecem até que seja apresentado pelo juizado de menores. O vínculo que se estabelece nesse momento com o filho que vai entrar na vida deles é fundamental.

"Contar" para o filho adotivo a história do seu "nascimento" (uso esta palavra, pois, na realidade, para os pais adotivos a chegada do filho adotado representa um nascimento) poderá ser, então, um momento tão encantado como o é quando os pais contam ao filho o quanto ele foi esperado e desejado por eles. Contar para o filho a "história" do seu nascimento é muito importante. É uma pena que muitos pais não o façam. Geralmente, o filho pede para que a história seja repetida várias vezes. Cada vez, ele irá ouvi-la com imenso prazer e perguntará sobre cada detalhe. Não é diferente para o filho adotivo.

Obviamente, quando essa "ferida" for ocultada por anos a fio, ficará muito mais difícil para o filho adotivo lidar com ela. A ocultação revela, em primeiro lugar, a ferida dos pais, mostrando que eles não souberam lidar com ela. Uma revelação desse tipo na idade adulta costuma ser traumática. A situação piora para quem casualmente descobre ser filho adotivo. É como se toda a sua história fosse envolvida por uma "mentira". Uma dúvida passa a pairar sobre tudo o que é significativo na sua vida. É como se a falsidade envolvesse todo os vínculos significativos que ele estabeleceu no decorrer de sua vida. Mesmo tarde, é sempre melhor que os pais contem "a verdade" para o filho adotivo. Neste caso, embora isso possa acarretar algum tipo de sofrimento, de alguma forma será um alívio para todos. De fato, quando um acontecimento desse tipo é ocultado, o inconsciente de ambas as partes capta a "mentira". Paira sobre a relação "algo" que é percebido como estranho, enigmático, falso. Nada melhor do que apresentar os fatos, mostrando como a adoção foi desejada e como a chegada de um filho trouxe alegria e felicidade para os pais adotivos.

Às vezes, o motivo para se ocultar a adoção é o medo de que o filho adotivo procure os pais naturais. Trata-se de uma curiosidade legítima que não irá prejudicar o afeto que o filho adotivo sente pelos pais adotivos. Talvez o encontro com os pais naturais seja até necessário para superar o sentimento de "rejeição" que possa existir, apesar do amor dos pais adotivos. Conhecer a "realidade" dos pais naturais poderá, de fato, ajudar a elaborar as fantasias (que, como todas as fantasias, são extremamente reais do ponto de vista psíquico) de rejeição.

COMO LIDAR COM O FILHO ADOLESCENTE

Tenho um filho de 15 anos e estou preocupada com as amizades dele. Não confio muito em seus colegas e já tentei falar com ele sobre isso, só que ele não me escuta. Quero saber o que ele anda fazendo, mas não consigo dialogar. O que posso fazer?

Apesar do desenvolvimento físico e das atitudes que aparentam independência, o adolescente nessa faixa etária não está plenamente maduro para poder tomar conta de sua vida de forma autônoma. No entanto, sabemos que, no Brasil, dependendo da situação socioeconômica da família, podemos encontrar adolescentes que vivem situações diferentes. É o caso daqueles jovens que, já nessa idade, são obrigados a trabalhar para ajudar no sustento familiar e entram, assim, de forma prematura no mundo "adulto".

De maneira geral, podemos dizer que a autonomia vai de mãos dadas com a responsabilidade. Se o jovem ainda não tem condições de cuidar de si e depende de alguma forma da família, não pode reivindicar a autonomia plena no que diz respeito ao seu comportamento. Vamos pensar, por exemplo, em um jovem que não dá conta de seus "deveres", tais como estudar, cuidar da arrumação do seu quarto, resolver as pendências ligadas à vida dele, cuidar das coisas que lhe pertencem etc. Neste caso, ele está demonstrando não estar preparado para usar de sua autonomia. Os pais devem, portanto, deixar claro que a autonomia tem um preço, um correspondente: a responsabilidade. Quando o jovem usufrui de uma autonomia que ele não conquistou assumindo suas responsabilidades, estabelece-se para o psiquismo uma equação falsa, que resulta no desenvolvimento de atitudes psiquicamente "perversas". No fundo, o adolescente que age dessa forma demonstra não poder lidar de forma adequada com a realidade, que impõe limites. Ele acaba sendo vítima de seus núcleos psicóticos, que distorcem a sua relação com a realidade.

Uma característica desse período é a construção de novas amizades. O jovem acaba se "enturmando". O fato de se sentir parte de uma turma de jovens da mesma idade o faz sentir menos só, diante da inevitável angústia que a transição da infância para a vida adulta desperta. Os amigos parecem ser os únicos que realmente o compreendem. Isto explica por que ele fica extremamente irritado quando os pais questionam suas amizades.

Embora os pais muitas vezes tenham razão na forma como percebem os amigos do filho, não podem tomar o lugar dele para lhe dizer o que deve ou não deve sentir. O que pode ser feito é chamar delicadamente a atenção sobre esse ou aquele episódio, para ajudá-lo a "pensar". Nesse sentido, seria oportuno que os pais procurassem criar ocasiões para manter algum tipo de convívio com os amigos do filho. Um churrasco, uma viagem, uma festa podem ser momentos importantes para perceber como é a turma com a qual o filho convive.

Enfim, não existem receitas prontas, pai e mãe devem achar seu caminho, com delicadeza, mas não tendo medo de impor limites se for necessário. É muito comum na terapia ouvir adultos que sofreram por causa dos pais não terem fixado limites... Sem limites, o jovem pode não só manifestar comportamentos antissociais, mas também desenvolver um tipo de neurose mais sutil, que se manifesta como uma forma de angústia persistente, que se manifesta toda vez que algo "desejável" se apresenta. A sensação dessas pessoas é que uma ameaça está sempre no ar. É como se alguém repetisse: desejar é perigoso. Quando o desejo encontrou as barreiras impostas de forma adequada pelos pais, ele pode expressar-se sem perigos, pode fluir sem angústia, pois ficou eternamente assegurado pela existência de uma estrutura que o contém.

PAIS E AVÓS:
COMO EVITAR CONFLITOS?

Sou casado e pai de três filhos pequenos. Junto conosco mora o pai da minha esposa. Ele tem um ótimo relacionamento com os netos. Contudo, ele tem interferido um pouco na educação que pretendo dar para meus filhos. Quando acho necessário repreendê-los, meu sogro os agrada; quando os proíbo de comer algo que acho que não fará bem a eles, em seguida vejo o avô fazendo a vontade deles. Acredito que esse tipo de comportamento não seja saudável para meus filhos. Meu sogro foi muito rígido com os filhos dele, mas hoje não faz o mesmo com os netos. O que devo fazer para resolver isso?

O papel dos avós varia de acordo com a situação de cada família e com a maneira de ser, do ponto de vista psíquico, de cada um deles. Não é raro que o avô ou a avó sejam lembrados como uma presença importante na vida de uma pessoa. Às vezes, eles representam a tábua de salvação para aquelas crianças que não encontram nos pais um apoio afetivo suficientemente bom. Em outros casos, mesmo os pais sendo bons, os avós são chamados a substituí-los quando, por causa do trabalho ou de outras situações, não podem estar presentes junto aos filhos. Há ainda a situação em que o avô ou a avó vivem na casa dos filhos, junto com os netos.

A presença de dois polos afetivos na vida da criança (os pais e os avós) pode levá-la a fazer algum tipo de chantagem emocional para realizar seus desejos de forma onipotente. Os avós, portanto, podem tender a ser mais permissivos até por competir de forma inconsciente com os pais pelo afeto dos netos. Essa tendência pode ser ainda mais forte quando os avós, em sua condição de idosos, sentem-se "esvaziados" por se considerarem um peso para os filhos e inúteis para a sociedade, por não serem mais "produtivos". Além disso, às vezes (como provavelmente ocorre no caso mencionado em sua carta), os avós se sentem culpados por acharem que não criaram seus filhos de forma adequada. Mais um motivo para não impor limites aos netos.

Mesmo querendo, é difícil para os avós assumirem o papel dos pais. Seu papel, no entanto, é importante, pois eles garantem à criança uma experiência importantíssima do ponto de vista psíquico, o contato com suas raízes. Ao contar seus causos, suas histórias, ao compartilharem com ela suas "formas de ser", suas experiências e seu mundo, eles estabelecem um elo entre o passado e o presente, que lança a criança para o seu próprio futuro. Sabendo de onde vem, ela pode escolher para onde ir.

No que diz respeito à educação dos netos, é importante que os avós evitem toda forma de desautorização dos pais. Quando estes tentam educar os filhos, impondo limites, os avós não devem interferir; pelo contrário, devem apoiá-los. Se eles acharem que os filhos não agiram da forma certa, podem conversar com eles e, eventualmente, questioná-los, mas nunca na presença dos netos.

Se a autoridade dos pais for questionada e "atacada", as crianças poderão tender a desenvolver formas de manipulação onipotentes da realidade, que caracterizam certo desvio psíquico na forma como elas passarão a se relacionar com o mundo. A tendência de burlar a lei; a dificuldade de lidar com a autoridade e com os limites que a vida impõe; a tendência de fazer dívidas e de não saber lidar com o dinheiro podem ter suas origens nesse tipo de atitudes erradas na educação das crianças. Algo que parece muito inocente e sem consequências na hora de agir pode de fato ter consequências inesperadas mais tarde.

BATER NA CRIANÇA
É UMA FORMA DE EDUCÁ-LA?

Quando o assunto é educação dos filhos, as opiniões são diferentes. Cada um acha que o seu jeito de educar é o melhor. Quando o assunto é bater ou não em filhos que fazem birra, daí a coisa é pior ainda. Alguns dizem que uma criança que não apanha quando pequena vira um adulto complicado; outros dizem que, quando os pais batem nas crianças, estas serão adultos violentos. O que há de verdade nessas afirmações? O que, enfim, a psicologia nos ensina sobre esse tema?

A punição corporal foi usada por muito tempo como uma forma normal de educar crianças e jovens, inclusive nas escolas. No século XX, essa prática foi amplamente questionada pelos avanços da psicologia infantil e da pedagogia que passaram a considerá-la prejudicial e inadequada.

Saber impor "limites", sem dúvida, é importante para a educação dos filhos. Alguns pais consideram que "bater" é uma forma normal de educar. Os limites, no entanto, só fazem sentido para a criança se postos em um contexto ambiental e educativo no qual ela se sinta acolhida sem reservas e amada. Para que o "limite" preserve a sua função educativa, ele deve poder "significar" alguma coisa para a criança e ser percebido como uma exigência da realidade, mediada pelos pais (ou educadores) em um contexto de confiança, sem o qual qualquer "apresentação" da realidade é recebida como algo aversivo e persecutório.

Os pais "batem" nas crianças geralmente quando "perdem o controle" sobre a situação e sentem que sua autoridade e sua autoconfiança estão ameaçadas. Há uma sensação de perigo que provoca uma reação violenta de "defesa". Aliás, é muito comum nesses momentos que os pais "projetem" na criança aspectos não integrados do seu psiquismo, ou seja, algo não resolvido dentro deles. Neste caso, "bater" ou tratar a criança com brutalidade não é um gesto educativo, e sim uma reação raivosa que não tem nada de construtivo.

Outra coisa é um tapa no bumbum em uma situação em que os pais mantêm o controle. O tapa, neste caso, não visa machucar, e sim tem uma função simbólica, apenas para significar um "não" um pouco mais enérgico. Mesmo assim, é preferível que os pais possam ter autoridade suficiente sobre a criança, sem terem de recorrer à repressão física.

Paradoxalmente, a autoridade dos pais depende do afeto e da confiança que a criança sente neles e que não quer perder de forma alguma. Muitas vezes, um olhar severo é mais "duro" para a criança do que um tapa no bumbum, pois traz a sensação de que o afeto dos pais está irremediavelmente perdido.

Qualquer atitude "repressiva" deve ser dosada e sucessivamente aliviada, uma vez que a situação se normalize, para que a criança possa perceber que não perdeu o afeto dos pais. Quando a criança acolhe o limite e se adapta às exigências da realidade, não adianta os pais ficarem de cara amarrada. É necessário, portanto, que os pais tenham uma maturidade emocional suficiente para poder desenvolver certa "continência", evitando "revidar" os comportamentos inadequados da criança com agressividade e, pior ainda, rancor.

ONDE COLOCAR O RECÉM-NASCIDO

Quando o recém-nascido pode ser colocado em um quarto separado dos pais sem que isso lhe cause prejuízo?

Quando o bebê nasce, sobretudo em se tratando do primeiro filho, os pais ficam bastante ansiosos. Segurando seu precioso vulto nos braços, voltam do hospital sem saber direito o que fazer. O recém-nascido parece tão frágil e indefeso que inspira um sentimento natural de cuidado e preocupação.

Começa uma nova rotina, marcada por mamadas, trocas de fraldas, choro e momentos de relativa calma. Tudo parece valer a pena quando se abre um sorriso naquele rostinho. O agitar dos braços e das pernas indica que o bebê está vivendo momentos de êxtase ao contemplar o mundo ao seu redor.

Hoje sabemos que os primeiros meses de vida são decisivos para a constituição do seu psiquismo. Sobretudo nos primeiros seis meses, os pais, em especial a mãe, precisam dar uma dedicação quase exclusiva.

Apesar disso, o bebê não é tão frágil como parece. Ele suporta "breves" ausências da mãe e até precisa de momentos em que ele possa estar só. A mãe aprende a perceber esse "tempo" e o quão breve ele é. No entanto, além de certo tempo determinado pelo psiquismo de cada recém-nascido, o bebê, se não for acudido em suas necessidades, precipita em um sentimento de profunda angústia.

Cada bebê tem sua rotina. Alguns mamam em intervalos de tempo mais precisos, outros não. Uns mamam mais, até regurgitar o excesso de leite; outros mamam menos. Depende das necessidades de cada um. A mãe suficientemente boa é aquela que aprende a "ler" as necessidades do seu bebê, evitando projetar nele as necessidades e as ânsias dela.

Se durante o dia a rotina é pesada, a noite pode não ser menos onerosa. O choro e as mamadas noturnas exigem bastante dos pais, que, apesar do cansaço, devem levantar-se para acudir o recém-nascido. Mesmo os que costumavam ter um sono mais pesado, geralmente percebem que o sono ficou mais leve. Ficam em alerta, atentos ao choro e a qualquer movimento do bebê.

Muitos pais se sentem mais tranquilos e confortáveis quando o bebê fica no próprio quarto do casal. Esta providência pode ser oportuna quando o quarto do bebê fica mais afastado (embora hoje existam babás eletrônicas que resolvem o problema) ou quando os pais têm um sono pesado, mas não é necessária se os pais conseguem acudir o bebê de noite, sem deixá-lo chorar por muito tempo.

Dormir na cama com os pais nem pensar. Uma vez terminada a mamada, o bebê deve voltar para o seu berço. Esta atitude preserva a sua integridade física, evitando sufocamentos, e psíquica. Para o psiquismo é importante o cuidado, mas também a separação.

De qualquer forma, é oportuno que, antes dos seis meses, o bebê possa acostumar-se a dormir no seu quarto, pois é nessa fase do seu desenvolvimento que ele começa a ter uma percepção mais clara do mundo externo. Com seis meses, o bebê já percebe o pai e a mãe como seres separados, que, por causa disso, devem manter sua intimidade preservada.

Existem estudos em psicanálise sobre a repercussão da "cena primária" (os pais fazendo amor) na psique infantil. Acredito, porém, que a necessidade da "separação" e de o bebê habitar um espaço próprio não se devam apenas a isso.

Na clínica psicanalítica, aparecem situações em que a falta de um espaço próprio, exclusivo para o bebê, trouxe na idade adulta a incapacidade de a pessoa habitar seu próprio espaço na profissão, nas relações com os outros e na vida familiar.

O fato de o bebê perceber de alguma forma que a sua chegada ao mundo foi "preparada" e que existe um espaço só dele (o quarto do bebê) ajuda a apropriação de si mesmo e a constituição de um psiquismo mais forte. Sem contar a necessidade de o bebê estar só em determinados momentos, nos quais ele "pede" para não ser incomodado; a existência de um espaço apropriado para esse "devaneio" do bebê é, portanto, muito importante do ponto de vista psíquico.

É ERRADO BEIJAR
O FILHO NA BOCA?

Vejo que alguns pais, quando querem demonstrar carinho para com seus filhos ou filhas, dão um beijinho na boca deles ou delas. Fico em dúvida se isso é correto. Sei que é uma demonstração de afetividade sem más intenções, mas será que é isso é saudável para a relação entre pais e filhos?

No nosso contexto cultural, o beijo na boca remete à relação amorosa, sendo muitas vezes o prelúdio de uma situação que envolve trocas de caráter sexual. A reação de mal-estar, relatada em sua pergunta, diante dos pais que beijam os filhos na boca é, portanto, espontânea e bastante comum.

Esse tipo de manifestação afetiva pode, de fato, acarretar problemas psicológicos para a criança? Dois extremos devem ser evitados. O primeiro é considerar a criança como um ser assexuado. O outro é pensar que qualquer contato físico seja prejudicial à criança e inadequado.

Desde os primeiros momentos de vida, a criança entra em contato com a sua sexualidade, que, nos estados primitivos, envolve uma erotização difusa do corpo, o processo oral de sucção (amamentar, chupar o dedo, a chupeta etc.) e aquele de evacuação das fezes. Os contatos físicos (pegar a criança no colo, acariciá-la, beijá-la, trocar fraldas, amamentá-la etc.) são manifestações de afeto fundamentais para um desenvolvimento psíquico saudável.

É através de todos esses gestos de cuidado e sustentação que a criança passa a perceber que tem um corpo e a "habitá-lo", organizando-se psiquicamente em torno de seu próprio eixo, o núcleo vital, que a faz sentir-se uma unidade diferenciada em si mesma (*self*). É inclusive bom que o pai se envolva desde o início nessas tarefas, ajudando a mãe. O corpo do pai é inicialmente percebido como um prolongamento do corpo da mãe. Somente sucessivamente, por volta dos seis meses, a criança começa a diferenciar o pai da mãe. O contato físico nos primeiros anos de vida é, portanto, importante e saudável.

Por volta dos quatro ou cinco anos, a relação com o genitor de sexo oposto (o pai para a filha e a mãe para o filho) passa a ter um sentido mais erotizado, envolvendo uma atração, que é o prelúdio da futura atração sexual. Esse período é importante, pois é nessa fase que a criança assume um papel sexual, identificando-se com o pai (filho) ou com a mãe (filha). Nesse período, continua sendo importante que tanto o pai como a mãe manifestem seu afeto à criança, evitando, contudo, comportamentos que possam perturbá-la.

Hoje, as crianças são bastante expostas à mídia (televisão, *outdoors*, internet, jornais e revistas), o que pode incentivá-las a comportamentos nos quais "imitam" os adultos. É, portanto, comum que uma criança de quatro ou cinco anos busque beijar o pai (menina) ou a mãe (menino) na boca e que expresse o desejo de "casar" com o genitor de sexo oposto. Não há nada de errado nisso, desde que os pais tenham sua sexualidade bem resolvida e reajam com naturalidade. O problema surge quando os pais, por carência ou por não estarem bem resolvidos sexualmente, transferem inconscientemente para o filho ou para a filha um tipo de vínculo que, sem eles perceberem, envolve fantasias sexuais. Neste caso, mesmo que as fantasias não sejam "atuadas" (postas em prática), elas ficam no ar e perturbam a criança.

A IMPORTÂNCIA DO BRINCAR

Ouço dizer que brincar é muito importante para as crianças. As brincadeiras são, de fato, importantes? E podem, mais tarde, influenciar na vida psíquico-afetiva dos futuros adultos? As brincadeiras devem ser estimuladas pelos pais?

O "brincar" é uma atividade que começa com os primeiros dias de vida da criança. Embora se apresente inicialmente como um movimento espontâneo e aparentemente inocente, o brincar é, desde o início, uma atividade extremamente sofisticada do ponto de vista psicológico.

Para entender o que acontece com o ato de brincar, devemos pensar em como se apresenta a estrutura inicial do psiquismo do bebê. Nos primeiros meses de vida, a mente da criança vive mergulhada em um mundo totalmente subjetivo. Os objetos que se apresentam no seu dia a dia (inclusive a mãe) são inicialmente percebidos como objetos internos, "subjetivos". É como se tudo fizesse parte do eu da criança. Seu mundo interno envolve o mundo externo, que é percebido de uma forma indiferenciada.

Interagindo com a mãe (ou com quem cuida dela), aos poucos se inicia um processo novo, que se intensifica em torno dos seis meses. Toda vez que a mãe deixa de se adaptar total e imediatamente às necessidades do bebê, demorando, por exemplo, a dar o seio, não acudindo imediatamente quando ele chora ou retirando o seio quando o bebê morde, é como se "pedacinhos" de realidade fossem oferecidos à criança, permitindo, assim, que ela diferencie o seu "eu" de tudo aquilo que é "não eu". O bebê começa, portanto, a perceber que existe um mundo externo que ele não controla, um mundo que às vezes frustra (e, portanto, é odiado) e às vezes cuida (e, portanto, é amado). O equilíbrio entre o cuidado e a frustração deve ser adequado para que o equilíbrio psíquico possa se estabelecer.

O grande perigo é que os objetos "não eu" invadam o psiquismo da criança como objetos aversivos (falta de cuidado, agressões, inconstância da mãe etc.), enlouquecendo o bebê, ou então que eles se apresentem com uma exigência de adaptação superior às suas possibilidades (uma mãe que exige uma adaptação excessiva do bebê às suas necessidades).

O brincar é uma importantíssima atividade que ajuda a criança a mediar o encontro do seu mundo interno com o mundo externo. Winnicott chamava o brinquedo de "objeto transicional", justamente porque ele favorece a transição do mundo interno para o mundo externo. Observando uma criança que brinca, percebemos que o brinquedo para ela não é simplesmente um objeto. Trata-se de um objeto especial, que é revestido pela imaginação da criança como algo a mais, que vem do seu mundo interno. O brinquedo é um objeto "erótico", porque é imantado pelo desejo. Mediante o brincar, uma importante ponte se estabelece entre o mundo interno e o mundo externo, que podem assim conviver. O brincar cria novos mundos que a criança habita e controla. Mas, ao mesmo tempo, a materialidade do brinquedo impõe suas limitações, obrigando a criança a "se adaptar" às demandas da realidade.

O brincar é uma atividade que dura por toda a vida. A nossa criatividade depende da nossa capacidade de brincar. Embora os brinquedos de nossa infância sejam aos poucos deixados de lado, nós precisamos continuar a brincar com outros tipos de brinquedos. Brincamos, então, de construir ou decorar uma casa, de pintar um quadro, de escrever um artigo, de compor uma música, de montar um sistema de informática, de criar um novo esquema de vendas na empresa, uma nova forma de ensino na escola, uma nova maneira de plantar no campo etc.

O brincar é, portanto, uma atividade altamente sofisticada e saudável, que nos acompanha pelo resto da vida e que nos leva a habitar novos mundos, criados por nós, em contato com o mundo real.

CIÚME ENTRE IRMÃOS

Sou mãe de um casal de filhos. A mais velha tem dez anos e o mais novo, sete. Eles brigam constantemente, e o mais novo tem ciúme da menina. O que posso fazer para diminuir as brigas?

As brigas entre irmãos são bastante comuns e, desde que não excedam certos limites, podem até ser consideradas normais. A chegada de um irmão representa sempre uma situação nova, que traz certa dose de angústia para a criança. Se ela era até então o centro das atenções, depois do nascimento do irmão ou da irmã, deverá dividir com ele(a) o seu espaço, as atenções dos pais, seus brinquedos etc.

Isto, porém, não garante que as coisas sejam mais fáceis para o irmão ou a irmã menor (como no caso mencionado por nossa leitora). Às vezes, o irmão maior fica como uma referência constante. Frases como "faça como sua irmã" ou "viu como sua irmã é boazinha, estudiosa, aplicada, como ela ajuda em casa" etc. visam colocar um irmão como um exemplo para o outro.

Os pais pensam que dessa forma um se inspirará no bom comportamento do outro. Isto pode até acontecer, mas nem sempre a reação será positiva. Mesmo quando a reação for positiva, o irmão tomado como modelo passará a ser admirado sob certos aspectos, mas também "odiado" sob outros aspectos.

Para o irmão menor, o irmão maior sempre é um ponto de referência, sobretudo se os pais mostrarem admiração por ele. Mas, ao mesmo tempo, ele é também "odiado", porque representa um caminho já pronto, que muitas vezes impede o irmão menor de ser ele mesmo e de escolher suas próprias maneiras de ser.

É, portanto, muito importante que os pais percebam as diferenças que existem entre os irmãos e não pretendam torná-los iguais ou moldá-los de acordo com seus próprios modelos. Cada um tem suas características que o torna único. Cada um vem com suas formas, sua maneira de ser especial. Nisto reside sua beleza.

Eu gosto de imaginar, para usar uma imagem mais poética, que cada um de nós é uma palavra pronunciada por Deus. Uma palavra única, destinada a ecoar no universo de forma específica. Esta palavra não contém, a meu ver, um texto inteiro, é apenas um som.

Isto quer dizer que cada ser humano vem ao mundo sem ser acompanhado de um manual que explica seu funcionamento e o que deverá fazer. A palavra divina que nos caracteriza é um *dabar* ("palavra" em hebraico), ou seja, uma palavra criadora. Ela não tem um conteúdo já determinado, é apenas uma inspiração, carregada de energia criadora.

Gosto muito de ver meus filhos dessa forma. Pensar que eles poderão me surpreender, como de fato me surpreendem. É muito bom não ter de classificá-los, encaixá-los em uma forma já constituída. Cada ser humano carrega em si certa dose de mistério, que deve ser respeitada e preservada, pois este é o lugar sagrado onde o seu ser se processa.

É bom, portanto, evitar comparações e procurar ajudar os filhos a descobrirem suas próprias características. Certamente isso os ajudará a se respeitarem em suas diferenças e a não competirem para ser algo que eles não são.

O primeiro passo para evitar o ciúme é compreender que cada um de nós tem sua própria beleza, suas formas de ser, suas características positivas e negativas, que o tornam um ser único e maravilhoso justamente por sua originalidade.

COMO FALAR DE SEXO COM MEUS FILHOS

Sou casada e tenho dois filhos pequenos, um menino de três anos e uma menina de seis. Sempre me pergunto como vou explicar a eles sobre o que é o sexo. Como tive uma educação "fechada" em relação a esse tipo de assunto, penso que esse não é o melhor caminho, mas também não sei por onde começar. Que caminhos me indica?

Para uma criança normal, o sexo não é um bicho de sete cabeças. Ela costuma fazer as perguntas de acordo com suas necessidades de saber mais sobre o assunto, à medida que as questões surgem dentro dela. Uma postura saudável é, portanto, aquela de não se antecipar às perguntas da criança nem de se eximir de respondê-las.

O importante é que os pais criem um clima de confiança e liberdade que permita à criança perguntar quando alguma questão a incomoda. Naturalmente, essa confiança se estabelece à medida que ela se sente à vontade e percebe que não há assuntos "proibidos" que não podem ser discutidos em casa.

Se, por exemplo, no meio de uma conversa, a criança comenta alguma coisa, que ouviu ou viu na escola, ou convivendo com os amiguinhos, envolvendo sexo, a melhor solução é reagir naturalmente, sem manifestar surpresa e menos ainda incômodo. A questão pode ser retomada, perguntando à própria criança o que ela acha, com o objetivo de entender exatamente o que ela sente a respeito. Será então possível explicar de forma bem simples o que ela quer saber, sem falsos moralismos e sem preconceitos.

Embora simples, essa atitude pode não ser fácil para os pais, pois eles vivem suas próprias questões não resolvidas em relação ao sexo. Neste caso, a criança costuma perceber que algum significado enigmático está envolvido na questão e as ansiedades dos pais podem ser introjetadas pela criança de forma inconsciente. Uma reação de incômodo, um sentimento de angústia, uma reação marcada pela ansiedade são facilmente percebidas pela criança. Ela sente, então, que entrou em um terreno proibido e começa a achar que esse assunto não é para ser comentado em casa. Só lhe restará então o caminho de conversar sobre essas questões com os amigos, o que naturalmente não é o melhor caminho.

Se responder às questões da criança é tão importante, não é menos importante responder com sinceridade e abertura, para que a criança sinta que pode confiar nos pais. Portanto, nada de mentiras ou de meias-verdades.

Um problema que frequentemente acontece nas questões que envolvem a sexualidade é a estimulação precoce da curiosidade infantil por causa da mídia. Um *outdoor*, um programa de TV ou uma revista encontrada em casa podem despertar a curiosidade da criança precocemente. O que fazer nesse caso? Mais uma vez, é importante prestar bem atenção àquilo que a criança está manifestando, pois o que ela viu na revista, no *outdoor* ou na televisão certamente não é o que um adulto vê.

Uma situação bastante normal é que as crianças "brinquem", imitando situações envolvendo a sexualidade que viram no mundo do adulto. É bastante normal que, a partir dos quatro, cinco anos, ou até antes, a criança manifeste curiosidade pelos órgãos sexuais de crianças ou adultos do outro sexo, ou até que faça alguma brincadeira de caráter sexual. Também nesse caso é importante agir com naturalidade.

A criança vive sua sexualidade desde os primeiros dias de vida. As rotinas diárias de higiene, as carícias e beijos dos pais, a amamentação são momentos que estimulam sexualmente a criança de forma absolutamente normal. Quando a criança brinca com um coleguinha, trata-se de uma situação que envolve certa estimulação sexual, mas que é muito próxima àquela que ela vive em outros momentos, considerados "normais". Mais uma vez, o que a criança vive não é o que um adulto viveria na mesma situação. Não é, portanto, oportuno "assustar" a criança com reações exageradas, como se algo muito grave tivesse acontecido. O ideal é procurar evitar que a situação se repita com naturalidade, estimulando brincadeiras de outro tipo e talvez evitando que fique sozinha com o coleguinha.

NEGAR ALGO AOS FILHOS PODE GERAR REVOLTA?

Sou viúva e tenho duas filhas que estão entrando na adolescência. Levo uma vida difícil, pois preciso trabalhar bastante para sustentar a casa e pagar as contas. Minhas filhas pedem coisas que não posso dar e tenho medo de que elas se revoltem. Mesmo assim procuro fazer tudo por elas em casa. Como lidar com isto?

A entrada no período da adolescência costuma ser acompanhada por comportamentos que denotam uma tendência ao fechamento, resultando em atitudes mais "narcísicas". O adolescente parece estar muito centrado em si, pouco interessado na opinião dos pais e professores e, geralmente, crítico em relação à forma como eles veem o mundo e a vida, aos seus valores e à forma como conduzem as coisas.

Se, por um lado, isto é um sinal da necessidade que o adolescente tem de se "separar" dos pais e de assumir sua própria personalidade com maior autonomia; por outro lado, pode resultar em atitudes pouco adequadas à realidade que ele vive e causar problemas de convivência em família, na escola, com os vizinhos, no clube etc.

Os pais, por sua vez, têm a impressão de que os filhos se tornaram mais "egoístas", fechados e que estão pouco se preocupando com eles. Isto gera uma sensação de distanciamento, que não é fácil de ser administrada, mesmo porque os pais também têm seus problemas emocionais e suas "carências". O pior é que, às vezes, eles constatam que a "revolta" do adolescente não se ameniza nem quando dão mais liberdade e atenção. Isto comprova que esse comportamento não é sempre diretamente relacionado à maneira como os pais agem, e sim a processos emocionais e psíquicos do próprio adolescente que independem da maneira de agir deles.

Quando a oposição do adolescente aos pais e ao meio que o rodeia representa uma constante e a "revolta" se manifesta de forma violenta, com ataques frequentes e incontroláveis, pode ser o indício de um estado interno de caráter patológico. Nem sempre, porém, a "revolta" tem esse caráter doentio. Muitas vezes é apenas uma manifestação de raiva diante da frustração do adolescente em perceber que a realidade não se dobra ao seu desejo. Neste caso, tanto a raiva como as frustrações devem ser assimiladas para que se processe uma forma adulta de lidar com a realidade.

É, portanto, inevitável que os pais, por trazerem aspectos pouco agradáveis da realidade (no seu caso, a falta de dinheiro para comprar tudo o que suas filhas desejam), acabem frustrando o adolescente, que, por uma necessidade interna, está tentando sentir-se mais "potente" para poder enfrentar o mundo e o seu futuro. Por outro lado, a maturidade consiste justamente em poder lidar com os limites que a vida nos impõe, sem perder a criatividade e a possibilidade de nos sentirmos vivos.

O fato é que tanto os pais como os filhos, nessa fase da vida, estão passando por uma transformação que envolve, de ambos os lados, o abandono da infância e a passagem para a vida adulta. Isto significa tanto uma nova maneira de "estar no mundo" do adolescente, como uma nova maneira de os pais estarem "presentes" junto aos filhos. Também para eles se fecha um período e se apresenta uma nova fase em que devem reavaliar a sua maneira de agir junto aos filhos. Trata-se de um equilíbrio que deve permitir a experiência da autonomia, sem, contudo, fazer com que falte senso da realidade e, portanto, limites.

CRIANÇA IRRITADA

Sou mãe de um menino de sete anos. Desde os cinco, ele vem tendo atitudes agressivas. Num momento está feliz, mas logo fica irritado com qualquer coisa. É comum esse tipo de temperamento em crianças tão novas?

Certo grau de agressividade é necessário para um desenvolvimento saudável do psiquismo. Seria, portanto, imprudente querer "diagnosticar" a distância, com os pouquíssimos elementos que a pergunta oferece, o comportamento da criança como "anormal". Contudo é interessante notar que a mudança foi percebida a partir dos cinco anos, um período em que acontecem processos importantes para o psiquismo infantil. Nesse período, o menino "descobre" a mãe como objeto do seu amor exclusivo e apaixonado. Usei o termo "descobre" porque, na realidade, a mãe sempre foi importante para a criança, mas é nessa fase que ela a percebe de uma nova maneira, revestida de conotações mais perturbadoras, do ponto de vista emocional, pois envolvem algum tipo de atração "sexual" difusa. Em outras palavras, a mãe é percebida como mulher, em oposição à descoberta de ele ser "menino" e, portanto, "diferente" da mãe e igual ao pai, com o qual passa a disputar o afeto dela.

Naturalmente, o quadro pode ser mais complexo, do ponto de vista emocional, se o menino tiver também de "disputar" a mãe com os irmãos, que, por alguma razão na percepção dele, são "mais amados" pela mãe. O ciúme e a inveja são reações comuns nesse caso. Um profundo sentimento de "ciúme" pode ser despertado, caso o menino perceba que outra pessoa goza do afeto da mãe de maneira mais exclusiva e intensa do que ele.

Com o ciúme, o menino passa a odiar os objetos afetivos (como o pai ou os irmãos) que se interpõem entre ele e a mãe. A agressividade interna é ativada para garantir a posse exclusiva do objeto amado e pode resultar em comportamentos agressivos dirigidos direta ou indiretamente aos irmãos, ao pai ou à própria mãe, ou então em uma irritabilidade difusa, do tipo descrito pela nossa leitora.

O sentimento de inveja é mais radical e complexo do ponto de vista psicológico, pois remete aos núcleos narcísicos da personalidade, cuja carga emocional é mais intensa e dolorosa. A inveja se diferencia do ciúme. O sentimento relacionado não é de que o "objeto" amado foi "roubado", mas que ele é inatingível, sua posse é negada e a única relação possível neste caso é o ataque, caracterizado pela ambiguidade do "amor/ódio" inconsciente. Também, neste caso, a agressividade se intensifica. A "irritação" à qual a nossa leitora se refere é uma reação que revela a agressividade da criança que foi posta em movimento pelo psiquismo, reagindo a uma situação emocional interna tensa.

Situações desse tipo podem acontecer quando um filho maior ou menor estiver doente e precisar de mais atenções da mãe, ou então quando a mãe tiver mais afinidade com outro filho, que provavelmente é mais meigo e "sedutor". Naturalmente, é difícil para uma mãe admitir conscientemente esse tipo de sentimento que a leva a sentir mais afinidade/apego por um filho do que por outro. Isto, por sinal, é perfeitamente natural, já que não mandamos em sentimentos, pois eles têm raízes que fogem completamente ao nosso controle. Mas a irritação pode também ter sua origem na relação que a mãe tem com o marido. Situações em que a mulher sente que o seu casamento está em perigo podem levá-la a dar ao marido uma atenção privilegiada que a criança sente como ameaçadora pelo seu vínculo com a mãe.

A mesma ameaça acontece quando situações externas mudam a rotina do lar, exigindo da mãe uma maior dedicação ao trabalho ou a uma pessoa da família doente (avôs, tios etc.). Enfim, podem existir razões externas diferentes que geram na criança o mesmo sentimento, mas, às vezes, as razões podem ser também de caráter interno e, neste caso, dificilmente, podem ser identificadas sem a ajuda de um terapeuta.

Seja qual for a origem da irritação, é importante que a mãe e o pai não a hipervalorizem. A irritação é incômoda para a criança e sempre traz o medo de perder o afeto dos pais, bem como traz sentimentos de culpa. Sua origem, porém, é de caráter instintivo/emocional, e não racional. Portanto, não seria justo culpar a criança por algo que ela não consegue controlar.

Por outro lado, mesmo se preocupando em não culpar a criança, é importante que os pais mantenham alguns limites, que devem ser definidos com clareza e mantidos com firmeza. Os limites são importantes por ajudarem a diminuir a angústia que a criança sente diante da sua própria agressividade e das erupções indesejadas do seu mundo emocional interno.

A CRIANÇA HIPERATIVA

Como lidar com crianças hiperativas?

A hiperatividade costuma ser associada ao que se chama de Transtorno de Déficit de Atenção (TDA). Atrás do termo hiperatividade podem existir distúrbios de diversos tipos, que só poderão ser convenientemente diagnosticados por um profissional. No entanto, vale a pena esclarecer desde já que nem sempre crianças "agitadas" são hiperativas.

O comportamento da criança hiperativa é caracterizado por um estado de extrema excitação que se manifesta através de um comportamento irrequieto. A criança que sofre dessa síndrome apresenta alguns sintomas característicos: tem dificuldade de se fixar naquilo que está fazendo (brincadeiras, refeições, tarefas escolares etc.); espalha brinquedos pela casa inteira, sem conseguir organizar suas brincadeiras; esbarra e pisa em objetos; derruba coisas; interrompe a conversa dos outros; perde o material escolar ou os brinquedos; distrai-se facilmente; fala o tempo todo; tem dificuldade de esperar sua vez em jogos ou situações em grupo; interrompe a conversa dos outros e não suporta ser frustrada em seus desejos.

O comportamento da criança hiperativa costuma ser extremamente agressivo para quem convive com ela, gerando irritação. No convívio social, ela é considerada como malcriada, invasiva, chata e mal-educada pelos pais. A tendência natural é que acabe sendo isolada. Tudo isso gera um profundo desgaste nos pais, que geralmente não sabem como lidar com a situação e com a angústia que esse tipo de comportamento gera.

A comunicação com a criança hiperativa é difícil, pois ela parece não prestar atenção ao que os outros lhe dizem. Isto pode gerar um ambiente tenso, dominado pela ansiedade, incompreensão e por certa violência. Não é raro que o problema psíquico da criança seja confundido com um desvio de caráter pelos próprios pais. Ao desequilíbrio emocional da criança, soma-se então o desequilíbrio emocional dos pais.

O que fazer nesses casos? Primeiramente, consultar um profissional que ajudará os pais a entender melhor os problemas da criança e a lidar com eles com menos ansiedade. As causas da hiperatividade podem ser profundas e exigir um trabalho lento de terapia, envolvendo tanto os pais como a criança. Algumas dicas de caráter geral podem, contudo, ajudar, antes mesmo que o profissional seja consultado.

Em primeiro lugar, a criança hiperativa precisa de limites que a ajudem a organizar o mundo externo. Embora ela tenda a negar os limites e qualquer tipo de frustração, com o tempo e uma dose elevada de paciência, os pais acabarão percebendo que os limites aliviam a tensão e a ansiedade da criança, causando uma melhora no estado de excitação. Para que isso seja possível é necessária uma elevada dose de paciência, repetindo com calma a mesma instrução quantas vezes for necessário. É muito importante também elogiar a criança quando ela se comporta adequadamente.

O estado de excitação poderá ser menos intenso se houver menos estímulos externos que "distraiam" a criança. Para esse fim, será útil ajudá-la a selecionar uma tarefa por vez, evitando que passe para a outra sem completar a primeira. A tendência a se distrair poderá ser diminuída ao limitar-se o número de brinquedos disponíveis e de estímulos visuais e sonoros no ambiente onde ela normalmente vive. Da mesma forma, na sala de aula, o hiperativo deverá ser convenientemente ajudado para evitar distrações e para acatar as regras do grupo.

De maneira geral, é importante não confundir o problema psíquico do hiperativo com um desvio de caráter. Isto é muito importante, tanto para os pais quanto para o próprio hiperativo, que sofre com o seu estado e que sofre ainda mais ao perceber que é rejeitado e percebido pelos outros como um peso.

RELACIONAMENTOS DOS FILHOS

Minha filha de 16 anos começou a namorar um menino de 18 anos, muito diferente dela. Enquanto ela está terminando o segundo grau, ele teve de parar os estudos por não poder pagá-los daqui em diante. Ele é negro e tem uma aparência frágil, enquanto minha filha é uma menina exuberante. A família dele é de gente simples e honesta, mas a mãe é analfabeta e o pai frequenta bares na rua e tem rompantes machistas. Gostaria de mostrar à minha filha que ela merece conviver em ambientes mais interessantes e saudáveis, mas qualquer coisa que eu digo soa como mero preconceito para ela. O que faço?

A situação a que sua pergunta se refere é complexa, pois movimenta mecanismos psíquicos inconscientes que envolvem ambas as partes. Os pais costumam ter um "sonho" sobre o futuro de seus filhos, que inclui também um modelo idealizado daquele que será o parceiro ideal para eles. Todos os preconceitos raciais e sociais incidem profundamente no perfil "ideal" que os pais esboçam dentro de si, influenciados pelo meio social em que vivem. Além disso, pai e mãe têm também um modelo idealizado inconsciente de mulher ou de homem, que incidirá na "montagem" do perfil ideal. Desta maneira, nenhum par "real" que aparecer estará à altura do filho ou da filha e sempre causará algum tipo de decepção.

Por outro lado, se os filhos, influenciados pelos pais, escolherem um par para agradá-los, a probabilidade é muito grande de que ele se revele mais tarde uma grande decepção. Apesar de os pais quererem o "bem" dos filhos, o que eles consideram o "bem" está inevitavelmente ligado aos seus desejos, à sua maneira de ser, à sua visão da realidade. O grande papel dos pais não é transmitir aos filhos sua maneira de ser, mas ajudá-los a descobrir a deles.

No caso de sua filha, ela é uma adolescente que está enfrentando os problemas normais que a idade apresenta. Grandes transformações físicas, uma ansiedade diante do "novo", medo de se afastar do ambiente protegido da infância e necessidade de "se separar" dos pais são alguns dos problemas que se apresentam. Nesta idade, o adolescente costuma desenvolver certa aversão aos pais, uma incontrolável necessidade de "negar" tudo o que vem deles. Portanto o modelo ideal de par, sonhado pelos pais, pode ser "odiado" pelos filhos. Pode até ser que sua filha tenha escolhido, inconscientemente, exatamente o oposto do que os pais desejavam, justamente para agredi-los.

Por se tratar de processos inconscientes, quanto mais os pais se opuserem, mais o adolescente se "fechará" no seu mundo, parecendo incapaz de enxergar a realidade. Quanto menos a oposição for levada a sério pelos pais, mais rapidamente se dissolverá a necessidade de o adolescente assumir aquela atitude emburrada, arredia, que o caracteriza. Naturalmente, isto não significa abandonar o adolescente a si mesmo. Seria exatamente o contrário do que ele precisa. A atitude agressiva e hostil é uma maneira de dizer: "Eu estou aqui, olhem para mim, eu existo, preciso do seu afeto".

Creio, portanto, que sua filha precisa de sua ajuda, no sentido de auxiliá-la a descobrir o que ela realmente quer para o seu futuro. Demonstre, portanto, carinho e compreensão para ela, "oferecendo" o seu ponto de vista com serenidade, para ajudá-la a refletir, compartilhando, possivelmente, experiências suas vividas na idade dela.

CRIANÇA TÍMIDA

Como posso lidar com o meu filho de seis anos que é bastante tímido, principalmente na escolinha?

Até os cinco ou seis anos, a criança está voltada de forma mais exclusiva para o ambiente familiar, onde estabelece suas relações mais importantes. A partir dessa idade, começa a surgir a necessidade de ampliar o leque de relações, para estendê-las aos coleguinhas, professores e demais pessoas que passam a integrar o seu círculo de relacionamentos.

A forma como a criança "percebe" o mundo externo e se relaciona com ele depende da forma como ela foi recebida no mundo e da maneira como o ambiente externo repercutiu no seu mundo interno.

Temos, portanto, duas vertentes importantes a serem levadas em conta: o mundo interno da criança e sua relação com o mundo externo; do interjogo entre esses dois elementos, o psiquismo se organiza de uma forma ou de outra.

A timidez sugere que o mundo externo é percebido pela criança como algo ameaçador, muito exigente ou invasivo. Diante desse sentimento de insegurança, a criança se retrai, para se proteger do mundo externo, por se sentir incapaz de enfrentá-lo. É como se a criança não achasse em si mesma a condição de se "posicionar" diante do mundo a partir dela mesma.

Uma mãe ansiosa ou muito invasiva pode ser a origem desse comportamento. Em ambos os casos, o mundo externo é percebido pela criança, através do seu vínculo com a mãe, como algo "perigoso" (mãe ansiosa) ou "aversivo" (mãe invasiva).

Isso também pode acontecer quando a mãe faz tudo "pela" criança, "no lugar dela", sem estimular suficientemente a possibilidade de ela desenvolver comportamentos autônomos (mãe hiperprotetora). A criança se sente insegura e não tem acesso aos próprios processos criativos.

Da mesma forma, podemos ter pais muito rígidos, dando à criança a sensação de que o ambiente externo está sempre "esperando mais" dela, de que o que ela faz não é suficiente (mãe/pai severos). Tudo isso naturalmente gera uma sensação de insegurança na presença do olhar do outro, que é sempre percebido como severo e insatisfeito.

Em um mundo cada vez mais agressivo, dominado por personalidades narcísicas, a criança tímida sofre muito e precisa ser reassegurada constantemente de seu valor. Da mesma forma, ela deve ser estimulada a agir de forma autônoma, aprendendo a lidar com seus erros.

Acertos e desacertos deverão ser acompanhados de perto pelos pais. Neste sentido, é muito útil fazer com que a criança possa falar sobre como se sente no seu dia a dia e que os pais se mostrem sinceramente interessados e receptivos ao discutir a forma como as reações dos outros (professores, colegas, amigos e adultos) são recebidas pela criança.

Naturalmente, isto é possível se a criança consegue estabelecer algum tipo de relação de confiança com os pais, mostrando-se "aberta" e sociável pelo menos em casa.

No caso de crianças que sequer em casa conseguem "se abrir", estamos diante de um problema mais sério, o que exige o acompanhamento de um profissional.

MEU FILHO NÃO SAI
DA FRENTE DO COMPUTADOR

Hoje se comenta muito sobre a permanência constante de nossos filhos diante do computador, seja em casa ou em lan-houses. *Este comportamento é prejudicial para as crianças e os adolescentes? Em que sentido? Qual deve ser a atitude dos pais?*

Quando a imagem do meu filho que está na Austrália aparece na tela do computador, fico imensamente grato a esse instrumento que permite a comunicação instantânea a uma distância tão grande. Podemos falar por horas a fio sem gastar um tostão e, ainda por cima, um vendo o outro.

Em uma situação muito especial, cheguei a continuar a terapia com uma paciente que estava em Paris durante alguns meses, usando a videoconferência, via computador, o que resultou em um grande benefício para ela. Sempre achei errado idealizar ou "demonizar" um simples produto tecnológico. Qualquer um pode fazer sexo, chantagear ou ameaçar alguém por telefone, assim como pode, com o mesmo aparelho, salvar uma vida, desejar feliz aniversário, confortar um amigo angustiado ou dar continuidade a um namoro saudável. Da mesma maneira, o computador em si é apenas um instrumento, que pode ser usado de forma saudável ou não. A pergunta é: "O que torna prejudicial o uso do computador?".

Em primeiro lugar, diria que a resposta depende do número de horas que os jovens passam na frente da tela, roubando esse tempo de atividades em que eles poderiam interagir com outros jovens ou com situações "reais". Se o uso do computador faz com que sejam deixados de lado praticar esporte, ler um livro, ir ao cinema, sair com os amigos, interagir com a família ou a namorada etc., então devemos concluir que algo está errado.

Um segundo perigo é o descompasso entre o mundo real e o virtual. As fronteiras entre as duas realidades podem ficar confusas e aleatórias. O uso do computador, que é um instrumento tecnológico sofisticado, traz de fato para o jovem a sensação de estar interagindo com "mundos" diferentes, que em outras épocas ficariam totalmente fora do seu alcance.

Além de uma loja, uma universidade, uma biblioteca, o jovem pode ter acesso via internet a um astro do cinema, um cantor, uma *top model*, e pode até se comunicar com eles via *e-mail* ou MSN. A vida dessas personalidades está ao alcance de qualquer um que acesse a grande rede mundial de computadores.

Mas não precisa ir muito longe. Mesmo você sendo um desconhecido, digite seu nome no *Google* e poderá ter a surpresa de encontrar páginas da internet onde seu nome é mencionado. Um trabalho escolar, um processo trabalhista, uma dívida executada na justiça, a página do colégio onde você estudou podem trazer à tona a sua existência para o mundo virtual.

Quando o jovem acessa a internet, a sensação de estar em um mundo "real" é muito forte, embora, na realidade, o jovem que está conectado com o mundo, via computador, esteja vivendo uma experiência "virtual". Como insinua o sentido do termo, virtual é algo que existe potencialmente, mas não de fato. O mundo está muito próximo de quem usa o computador, mas não está ali, na sua frente, interagindo de verdade com ele, olhando nos seus olhos, de forma exclusiva e personalizada.

Criando um *nickname* (apelido) e entrando no MSN, em uma sala de bate-papo ou no Orkut, o usuário pode criar uma existência virtual, um personagem, baseado no que ele gostaria de aparentar, mas que tem nada ou pouco a ver com o que ele de fato é. O usuário pode mentir, pode "simular", pode usar palavras que não são suas como se fossem etc.

A expressão extremada da existência virtual é o *site Second Life*, em que os usuários podem literalmente construir uma nova vida na internet, para viverem uma existência virtual, "paralela" à existência real, certamente muito menos interessante e glamorosa. O resultado de tudo isso é um sentimento de irrealidade que, inevitavelmente, vai tomando conta do usuário. O jovem que, no Orkut, tem 500 amigos pode na realidade ser um grande solitário, incapaz de se comunicar com pessoas reais.

Do ponto de vista psíquico, o descompasso entre o que é vivido na realidade e o que é criado artificialmente no mundo virtual cria uma cisão (fratura) que leva a mente humana a se fixar em núcleos mais próximos do funcionamento psicótico, com uma possível sensação de onipotência e uma tendência ao isolamento narcísico.

Tudo isso nos leva a pensar que esse poderoso instrumento de trabalho, de comunicação, de estudo e de lazer que é o computador deve ser usado com bom senso, sem exageros. Inevitavelmente, ele irá fazer parte, cada vez mais, da vida dos nossos filhos e poderá trazer grandes benefícios, permitindo viver situações antes absolutamente impensáveis, mas também poderá trazer novas formas de doenças, as *tecnoneuroses*.

DEPRESSÃO PÓS-PARTO: POR QUÊ?

Por que acontece a depressão pós-parto?

Nove meses de espera. Finalmente o bebê, tão sonhado, nasce. Os medos que afligiam a futura mãe se revelam injustificados. O bebê nasceu perfeito, com mãos, pés, dedos, enfim, dotado pela natureza de todos os "acessórios" de que um bebê precisa. As fantasias mais angustiantes e obscuras da futura mãe se dissolvem. Finalmente o bebê está em seus braços. Alguns insistem em dizer que tem "cara de joelho", mas, para os pais, ele é a oitava maravilha do mundo.

Passadas as angústias pré-parto, seria de esperar que a mãe finalmente pudesse descansar e "curtir" o seu pimpolho. No entanto, nem sempre é assim. Nos primeiros dias após o parto, cerca de 50 a 80% das mulheres são atingidas por um estado depressivo leve, que se anuncia com sintomas variados, envolvendo tristeza, crises de choro, ansiedade, cansaço, lapsos de memória, impaciência e irritabilidade. Trata-se de uma crise passageira, que normalmente se resolve em poucos dias.

Mais preocupante é a forma mais aguda de depressão pós-parto, que afeta cerca de 10% das mulheres que acabam de dar à luz. Os sintomas mais comuns são choro incontrolável, perda de memória, aparente desinteresse pelo bebê, irritação, sentimentos de culpa, medo de machucar o bebê, mudanças de humor injustificadas, falta de concentração e distúrbios de sono ou apetite, aliados a um estado profundo de tristeza e confusão.

Mas o que torna um dos momentos mais bonitos e importantes na vida de uma mulher uma situação traumática? Infelizmente, bebê nenhum vem ao mundo com um manual de uso. A mãe se sente totalmente desamparada diante daquela coisinha frágil que as enfermeiras do berçário trazem para ela amamentar pela primeira vez.

A sensação é a de que o bebê é tão frágil que ela não dará conta. Além disso, todo bebê que se respeite, se for saudável, testará logo o poder de seus pulmões, derramando-se em um choro desesperador. A bem entender, desesperador para a mãe, pois o choro, para o bebê, é apenas uma forma de se expressar, de manifestar a intensidade de suas necessidades. Diria quase uma forma de dizer: estou vivo!

Mas não há nada mais desesperador para a maioria das mães que o choro do seu bebê. Para uma mãe ansiosa, então, o choro será algo aterrador. Uma verdadeira manifestação de sua incompetência como mãe.

O estado depressivo pós-parto geralmente se alimenta de sentimentos complexos, ligados a sensações de culpa. Mas culpa de quê, se ela fez tudo direitinho? A questão é justamente essa. A culpa é inconsciente, não pode ser identificada. Muitas vezes a culpa é alimentada por sentimentos aversivos que a mãe nutriu em relação à gravidez ou ao próprio bebê. Como costumo dizer aos meus pacientes, o nosso inconsciente não tem ética, nem religião. Ele é instintivo e seus sentimentos são incontroláveis. O ódio e a culpa convivem nele de forma paradoxal.

Infinitas situações externas ou internas podem gerar esses sentimentos inconscientes na mãe. A molestação sexual na infância, crises conjugais, dores sofridas durante a gravidez, hesitações quanto ao futuro profissional são apenas alguns exemplos de situações que podem disparar sentimentos aversivos dirigidos ao bebê e, consequentemente, culpa.

O estado depressivo é terrivelmente angustiante, porque não tem explicação aparente, já que as situações que o provocam não são percebidas conscientemente. Quanto mais marido e familiares se esforçam em "consolar" a mãe deprimida, mostrando que ela não tem razão para estar assim, mais ela irá se deprimir. Pois se sentirá ainda mais incompreendida e solitária.

Embora não seja fácil, a melhor ajuda é mostrar compreensão pelo seu sofrimento. Embora não seja identificado, o sofrimento tem sua razão de ser. É importante para a mãe perceber que o seu sofrimento e a sua depressão são autorizados pelas pessoas que ela ama.

Portanto, nada de repreensões. Frisar os aspectos positivos do cuidado que ela eventualmente consegue dar ao bebê, apesar do seu estado depressivo, ou a simples constatação de que o bebê está sendo cuidado e está bem poderão ajudar bastante.

De qualquer forma, vale a pena lembrar que, na presença desses sintomas, é importante consultar um profissional, de forma a se evitar consequências mais graves para a mãe e para o bebê.

DESENHOS ANIMADOS COM CENAS DE VIOLÊNCIA

Os desenhos animados com cenas de lutas e armas podem gerar um comportamento agressivo nas crianças?

A televisão ligada em um canal no qual está passando um programa infantil faz parte da rotina da maioria dos lares. As estatísticas apontam um preocupante aumento do número de horas em que as crianças passam assistindo a programas televisivos. Por outro lado, muitos pais ficam aliviados quando o filho "sossega" na frente da televisão. É o momento em que podem dedicar um tempo para si.

O alívio, porém, dá lugar à preocupação quando assistimos a alguns dos desenhos que os canais de TV passam no horário dedicado à criança. Como aponta o nosso leitor, não faltam cenas de violência e situações moralmente ambíguas.

Além dos desenhos animados, as crianças têm à sua disposição *videogames* ainda mais violentos. Um deles tem como protagonista um marginal. A criança tem de conduzir o seu herói-marginal através de desafios sucessivos que o levam a realizar seus "objetivos, superando varias "missões" que envolvem mortes, atropelamentos, roubos.

Tanto nos desenhos como nos *videogames*, não falta, portanto, sangue espirrando por todo lado. Surge espontaneamente a pergunta: que impacto tudo isso tem no psiquismo da criança?

Em torno dos quatro ou cinco anos, a criança vive intensos processos que têm a função de fixar determinados modelos com os quais ela passa a se identificar e a partir dos quais acaba moldando sua personalidade e seu comportamento.

Se até então os pais eram os principais alvos dos processos de identificação, depois dos quatro ou cinco anos a criança intensifica suas relações com o mundo extrafamiliar e passa a assimilar outros modelos. O mundo, antes bastante restrito, amplia-se e passa a incluir relações novas, com a escola, os colegas e, naturalmente, com os heróis que televisão, cinema e livros trazem até ela.

Os super-heróis dos desenhos e dos *videogames* geralmente são seres dotados de poderes extraordinários, que possibilitam enfrentar inimigos perigosos e situações que beiram o impossível. É evidente que tudo isso traz uma sensação de onipotência. Não existem barreiras que não possam ser superadas.

O recurso à violência, envolvendo o uso da força bruta ou de armas superpoderosas, faz parte do repertório de desenhos e *videogames*. Naturalmente, no caso dos *videogames*, por causa da interatividade, o processo de identificação com o protagonista do jogo é ainda mais poderoso. É o próprio jogador quem age no jogo.

Em ambos os casos, a criança que assiste ao desenho ou brinca com o *videogame* se reveste dos poderes do herói preferido e entra, assim, em contato com núcleos do seu psiquismo que têm um funcionamento psicótico, por estarem totalmente alheios à realidade.

Fragmentos dessa onipotência se fazem presentes na maneira como determinadas crianças manifestam seus desejos e na sua intolerância à frustração e às exigências da realidade manifestadas pelos pais ou pelas circunstâncias.

Há até crianças que chegam a bater nos pais ou que os agridem com uma violência verbal que assusta pela intensidade dos sentimentos aversivos que deixa transparecer.

Embora a TV não seja o único vilão da história, seria difícil não reconhecer que contribuiu notavelmente para a intensificação dos comportamentos narcísicos que hoje caracterizam a nossa juventude.

IMPOR NOSSA VONTADE OU DAR AUTONOMIA AOS FILHOS?

Sei que o papel dos pais é encaminhar os filhos na vida. Mas o que dizer daqueles pais que impõem profissões e até mesmo casamento conforme seus próprios interesses. Os filhos desses casais são grandes candidatos à frustração, não é mesmo?

Os pais que impõem ao filho uma profissão ou até mesmo o casamento estão cometendo um grande engano. As chances de alguém se dar bem quando não foi ele próprio quem escolheu a profissão ou o seu parceiro são mínimas e, mesmo quando tudo parece "dar certo", as chances de ele ser feliz são quase nulas.

O processo de "encaminhar" os filhos na vida, contudo, não é simples. Os pais frequentemente ficam decepcionados com as escolhas dos filhos. É bastante comum, de fato, que os filhos não compartilhem os sonhos dos pais. Além da decepção, não é raro que os pais tenham a convicção de que as escolhas do filho sejam prejudiciais para o seu futuro. O que fazer quando isso acontece? Devemos respeitar as escolhas dos filhos ou tentar impor o nosso ponto de vista?

Educar para a autonomia é uma tarefa que começa nos primeiros dias de vida do bebê. Uma mãe "suficientemente boa" reconhece a autonomia do seu bebê e procura entender suas necessidades e seus desejos. Inicia-se, assim, o longo caminho para que o bebê se torne uma criança capaz de administrar sua autonomia de maneira cada vez mais adequada.

A educação para a autonomia supõe uma atenção por parte dos pais para com o progressivo desenvolvimento da capacidade dos filhos de administrarem sua vida. Inicialmente, serão coisas simples: a escolha da hora de mamar, de um brinquedo, de uma roupa para vestir etc. Mais tarde, as escolhas podem envolver situações mais complexas: como permitir que a criança organize o seu quarto, escolha suas roupas, o seu tênis, os móveis do seu quarto, as cores das paredes etc. Naturalmente, os pais irão oferecer critérios da realidade, dizendo quanto podem gastar, definindo até onde vai a autonomia do filho, que deverá respeitar a autonomia e as necessidades dos demais membros da família e dos pais.

Prestar atenção às habilidades do filho e incentivá-las pode ser de muita ajuda para fortalecer a capacidade de desenvolver seus próprios sonhos e de ir atrás deles. Uma boa maneira de incentivar a autonomia é dar uma "mesada" e fazer com que o filho aprenda a administrar o seu dinheiro. Neste caso, porém, gastos que antes eram assumidos pelos pais passam a ficar a cargo do filho (lanche, revistinhas, figurinhas etc.). "Multas" poderão ser aplicadas, caso o filho tenha provocado algum dano.

Se os pais tiverem "educado" o filho para a autonomia, não terão problemas em deixar que ele tome decisões, cada vez mais importantes, mesmo porque sabem que podem confiar nele. Neste caso, o filho sente segurança para decidir, e os pais, mesmo com alguma apreensão, irão apoiar suas decisões.

Quando, porém, esse processo lento que leva a criança a se tornar um adulto independente e responsável não acontece, as coisas se tornam mais difíceis e, às vezes, traumáticas. Por um lado, o filho não se sentirá realmente capaz de decidir e, ao mesmo tempo, ele se sentirá cada vez mais revoltado por estar à mercê da vontade dos pais, mutilado de seus sonhos. Sentirá que os pais não confiam nele e, por causa disso, terá mais dificuldades de confiar em si. Sua capacidade de sonhar e de criar será limitada. Muitas vezes, suas escolhas serão apenas "em oposição" àquelas dos pais, com grande chance de não serem as escolhas certas.

Infelizmente, alguns pais só percebem que não souberam "encaminhar o filho para a vida" quando este é adolescente e começa a reclamar seu espaço no mundo. Quanto mais cedo começar a educação para a autonomia, mais tranquilo será o processo, traumas serão evitados e o desenvolvimento saudável do filho será garantido.

MINHA FILHA FICOU GRÁVIDA

Como os pais podem lidar com uma filha que, na adolescência, ficou grávida?

Uma pesquisa recente revelou que o Brasil é um dos países em que os adolescentes têm sua iniciação sexual mais cedo; em muitos casos, já com 12 ou 13 anos. Por outro lado, a atividade sexual precoce é encorajada pela sociedade e até pelos pais que, direta ou indiretamente, acabam favorecendo a prática. Tudo acontece com a maior "normalidade", como se tudo fosse muito simples.

As relações sexuais passam a fazer parte dos rituais de aproximação dos jovens em festas, viagens e baladas. Em muitos casos, sequer existe como precondição um verdadeiro vínculo afetivo entre o casal. No entanto, do ponto de vista psíquico, as coisas não são tão simples como poderiam parecer à primeira vista. O ato sexual envolve uma experiência de intimidade e proximidade extremamente intensa do ponto de vista emocional. Quando a relação ocorre sem que haja qualquer tipo de envolvimento e em um clima de total falta de compromisso, cria-se para a mente uma ruptura. A sensação interna é a de estar vivendo algo que paradoxalmente remete a uma aproximação total e, ao mesmo tempo, que não remete a nada. A sensação é de esvaziamento e falsidade. Na clínica, fico frequentemente surpreso ao perceber que os adolescentes rejeitam internamente esse tipo de experiências, mesmo quando, para não se opor à "onda", acabam cedendo ao que parece ser considerado como "normal" pelos colegas.

Outra ideia bastante comum é aquela de considerar que o ato sexual protegido é seguro e não traz consequências. A introdução dos métodos anticoncepcionais favoreceu essa mentalidade, mas isso também não é tão simples assim. O próprio uso da camisinha, considerado decisivo nesses casos e apresentado como "a solução", pode não ser eficaz. A pressa, a falta de cuidado, a dificuldade de dizer não a um parceiro invasivo, incidentes de percurso (por exemplo, quando a camisinha fura) tornam essa prática precária.

Um ato considerado como parte da "diversão" pode mudar completamente de sentido, quando aparece a gravidez. Neste caso, também, "a solução" vendida na feira das ilusões é simples: basta abortar. Mas o aborto, mesmo prescindindo do seu aspecto ético, além de ser um ato invasivo do ponto de vista físico, não é menos invasivo do ponto de vista psíquico (cf. texto sobre o aborto, p. 191). Em muitos casos, costuma ser traumático, como a própria clínica comprova. Sem contar que, muitas vezes, o aborto é feito "às escondidas", para não deixar que os pais percebam. Aquilo que foi inicialmente encarado como um ato sem compromisso acaba tornando-se uma pequena tragédia que envolve opções éticas difíceis e processos psíquicos extremamente complexos.

Por outro lado, há também outra "solução" simplista, adotada, sobretudo, em contextos familiares mais tradicionais e ligados a algum credo religioso: o casamento. O resultado geralmente é desastroso, a um problema acrescenta-se outro, pois os adolescentes envolvidos estão totalmente despreparados para esse tipo de opção.

Mesmo quando a imposição não é explícita por parte das famílias, parecendo ser até uma escolha do casal, um casamento desse tipo, do ponto de vista afetivo, não deixa de ser uma violência, pois não houve um amadurecimento adequado para uma escolha dessa importância. A coisa é ainda mais paradoxal quando não havia nenhum envolvimento prévio entre eles. É normal que uma situação desse tipo, mesmo quando aceita por culpa, acabe gerando inconscientemente "ódio" e ressentimento que repercutem no convívio do casal e no cuidado da criança.

Acredito, portanto, que a única solução é os pais oferecerem apoio, tanto no plano material como no psicológico e emocional. A coisa mais importante é que a filha se sinta acolhida pelos pais. Esse acolhimento será o primeiro passo para o acolhimento do bebê que vai nascer. É claro que um acompanhamento profissional nesse momento seria extremamente bem-vindo.

Quanto ao "pai", ele também deverá ser "acolhido" e contar com o apoio dos pais, que poderão "mediar" o contato com a família da menina. A maternidade e a paternidade poderão, assim, ser assimiladas aos poucos, sem imposições. Se futuramente o vínculo entre o casal se mantiver e se fortalecer, será então possível pensar em casamento; caso contrário, eles poderão viver como pais separados, cada um seguindo seu caminho, mas assumindo aos poucos a responsabilidade pelo filho comum.

FILHOS (IN)DEPENDENTES

Gostaria que o senhor abordasse a questão da (in)dependência dos filhos com relação aos pais. Há, do ponto de vista emocional e financeiro, uma idade para que os filhos se "desgrudem de seus pais"? A educação para este tipo de comportamento começa quando as crianças são pequenas?

É curioso observarmos que justamente numa época em que os jovens reivindicam cada vez mais o seu "direito" de fazer o que querem, ao mesmo tempo assistimos a uma tendência cada vez mais universal de eles ficarem por mais tempo vinculados e dependentes da família.

Poderíamos dizer que os jovens são cada vez mais independentes quanto aos seus desejos e mais dependentes quanto às suas necessidades. Por que razão isso acontece?

Não é difícil perceber que as sementes desse comportamento começam desde a infância. Em uma sociedade em que "os limites" são considerados coisa de gente careta, chata, evidentemente "privar" os filhos de algo parece um crime imperdoável. Há pais que acham até que o fato de o filho não fazer tudo o que os outros fazem, ou não ter tudo o que os outros têm, causaria traumas futuros.

Socorridos pelos pais em todas as suas necessidades, os filhos não desenvolvem o seu senso criativo e a sua autonomia para conquistar o seu lugar no mundo e para aprender a atender às suas próprias necessidades.

A tendência ao "hipercuidado" revela-se na hora de fazer a lição, de arrumar o quarto, de escolher a roupa para vestir, de tirar ou pôr a louça na mesa, de levar ou trazer da escola... Os pais ou seus substitutos não deixam à criança nenhuma brecha para que ela possa aprender a cuidar de si mesma.

Tão ruim quanto o hipercuidado é a falta de cuidado. Neste caso, a criança pode desenvolver a sensação de não existir aos olhos dos pais e, portanto, pode achar difícil existir aos olhos do mundo e não se sentir autorizada a tomar iniciativas e se impor frente aos outros.

Existe uma idade ideal para o jovem começar a "desgrudar", do ponto de vista emocional e financeiro, da família? Pelo que foi exposto acima é evidente que a conquista da autonomia é progressiva e começa desde a infância. Na adolescência, contudo, esse processo se torna mais intenso e, a partir dos doze anos, torna-se uma "necessidade" do psiquismo. Nesta fase do desenvolvimento, o jovem sente a necessidade de se separar dos pais e confrontá-los para reforçar a sua estrutura do "eu" e a sua autonomia frente ao mundo.

Isto, porém, é possível somente quando os pais são percebidos, como suficientemente fortes, para "suportar" o confronto, e suficientemente "afetivos", para demonstrar que não ficam "destruídos" pela agressividade do filho. Os conflitos que surgem com os filhos nessa fase são, portanto, naturais e "saudáveis", desde que os pais não fiquem emocionalmente arrasados com isso.

Em particular, nesta fase do desenvolvimento, é "atacada" a função paterna, que, na ausência do pai, é exercida pela mãe ou por um substituto. O que o jovem questiona são as regras, os limites a eles impostos por qualquer um que represente a figura do pai (pai, professor, policial, lei de trânsito etc.).

No entanto, é justamente na aceitação do limite em que se demarca o território da responsabilidade pessoal de cada um que o jovem se torna responsável por si e pelos outros, adquirindo autonomia e independência.

Os pequenos rituais de passagem ajudam nesse sentido. Uma viagem feita com poucos recursos, sem acompanhantes e em lugares desconhecidos; o serviço militar; um trabalho ou estágio remunerado; ir viver em uma república de estudantes são formas muito úteis para que o jovem aprenda a lidar com suas responsabilidades e sua autonomia. Cabe aos pais encorajar sem medo esse tipo de experiência e aprendizado.

O NASCIMENTO DE UM FILHO COM DEFICIÊNCIA

Descobri, por uma ultrassonografia, que meu filho está com uma deficiência. No momento, fiquei surpresa e acho que não estou sabendo lidar muito com essa realidade. Ao mesmo tempo que fico triste, sei que preciso aceitá-lo como um filho querido e amado. Tenho também a preocupação de estar "passando" alguma frustração para ele no útero. Como posso agir?

Quando a mulher fica sabendo que está grávida, se a gravidez for desejada, começa a "sonhar" com o filho que vai nascer. Os nove meses são um tempo de "espera", um momento encantado. Um momento sublime em que o novo ser que está nascendo é, pela primeira vez, recebido no mundo. A mãe começa a imaginar como será seu rosto, seu corpo, a cor dos seus olhos; se será menino ou menina; como irá reagir; com quem irá se parecer e, talvez, até o que ele irá ser quando crescer...

Com o nascimento, sabemos que esse sonho vai tornar-se uma realidade, um bebê de verdade que pede para ser recebido como um ser autônomo, embora ainda dependente. Mesmo quando o filho nasce sadio e sem problemas, ele traz consigo uma realidade própria, de certa forma inesperada. É necessário que a mãe de alguma maneira abandone suas idealizações para cuidar daquele bebê que está ali: um bebê que chora, que suja as fraldas, que morde o seio, que acorda de noite, que não consegue ficar sozinho por muito tempo etc. De certa forma, podemos dizer que todo bebê nasce um pouco "deficiente" em relação ao bebê que foi sonhado pela mãe, pois a realidade é um sonho que precisa ser sonhado com o outro.

O medo de o bebê nascer com malformações costuma perturbar muitas mães durante a gravidez. Fantasmas inesperados se insinuam quando ela tenta imaginar como será o seu filho. Trata-se de um pesadelo que ameaça os sonhos da futura mãe. Mesmo quando tudo indica que não há nenhum perigo, a angústia toma conta dela.

Quando, porém, o medo se transforma em realidade, como no seu caso, a notícia de que o bebê irá nascer com alguma deficiência ou malformação abre uma profunda "ferida" no coração da mãe. Uma ferida que dói, que perturba, que lança mil perguntas para as quais parece não haver respostas. Por que justamente meu filho? O que fiz de errado para ele nascer assim? Como ele poderá enfrentar um mundo tão competitivo, onde não há lugar para os mais fracos? Angústia, culpa, dor e ressentimento se misturam. Trata-se de uma dor inimaginável. Entre mãe e filho, de fato, há uma profunda identificação, ainda mais durante a gravidez.

Sua preocupação em não magoar o bebê que está no seu seio, contudo, já diz o quanto você o ama. Este sentimento predomina no seu coração e é isso que o bebê vai sentir quando nascer. O feto ainda não é um ser humano totalmente constituído, seu aparato psíquico está em formação, mas, certamente, ele sente de uma forma ainda muito primitiva. Sua preocupação em não o magoar é um sentimento amoroso, que reconhece a existência desse novo ser e a respeita, e é isso que o seu bebê sente acima de tudo. Fale com ele, diga isso para ele, mesmo com as lágrimas nos olhos.

Contudo é natural que, juntamente com esse sentimento de amor, haja também uma sensação de angústia, de ter sido lesada e, talvez, até de raiva, junto a um profundo sentimento de culpa. Essa mistura de sentimentos pode não ser consciente, mas é provável que esteja presente no inconsciente, o que seria perfeitamente normal. A primeira coisa a se fazer é tentar entrar em contato com esses sentimentos, reconhecê-los, nomeá-los. O choro costuma ser um bom remédio nesses momentos.

Trata-se de um processo interno que leva tempo. Contudo, uma vez dado o primeiro passo, a angústia se torna mais suportável e um novo processo pode iniciar. Trata-se do processo de aceitação do seu bebê como ele é, na sua realidade de criança deficiente. Quando podem ser aceitas na sua limitação, crianças deficientes costumam tornar-se uma grande bênção para a família. O seu amor por ela indica que esse será também o seu caso.

FILHOS E SEPARAÇÃO DOS PAIS

Sou uma mãe separada há pouco mais de três meses. Antes da separação, meu filho mais novo era uma criança alegre, brincalhona, comunicativa e muito carinhosa. Depois que o pai passou a não morar mais em casa, meu filho mudou da água para o vinho. Ele não brinca mais, quase não fala e pouco liga para mim. Tento e insisto muito em saber o que está se passando com ele, mas não consigo saber o que ele pensa. Estou muito aflita e triste, pois gosto muito do meu filho, mas não consigo conviver mais com meu ex-marido. O que posso fazer para que meu filho volte a ser a mesma criança de antes?

As estatísticas parecem apontar no mundo inteiro para uma situação em que é cada vez mais comum: o casamento ser rompido antes da morte de um dos cônjuges. Um em cada quatro casamentos acaba em separação. Em alguns centros urbanos a estatística sobe para um em cada dois. Sem contar as uniões que não são oficializadas e que acabam também em separação.

Como consequência disso, há hoje uma tendência a banalizar o rompimento do laço conjugal. Nas novelas, no cinema, nas revistas, a separação é apresentada como uma solução absolutamente normal quando o casamento passa por situações difíceis e quando "o amor acabou". No entanto, ao contrário do que a mídia geralmente passa, esse não deixa de ser um momento difícil e doloroso para o casal e para os filhos, para quem dificilmente a separação é recebida como algo "normal".

Se para o casal existem dificuldades, de acordo com a situação que causou a separação e com o envolvimento de cada um deles na decisão, para os filhos a sensação é, na maioria das vezes, aquela de terem sido vítimas de uma situação não desejada e agressiva.

A relação amorosa do casal representa para o filho um "ambiente" que possibilita uma série de experiências importantes. Uma delas é aquela da segurança. O amor mútuo dos pais é para o filho uma confirmação de que ele também é amado. Consequentemente, o rompimento desse vínculo traz o medo de que ele também tenha deixado de ser amado. É, portanto, importante que o filho, nestas circunstâncias, possa ter a confirmação de que os pais o amam.

Isto não acontece, por exemplo, quando um deles procura fazer do filho um aliado contra o outro, mostrando que o cônjuge é o responsável pela separação ou, pior ainda, quando usa o filho para fazer algum tipo de chantagem emocional com o ex-parceiro. Desmerecer o cônjuge na frente do filho ou acusá-lo pelo fato de o filho estar doente, desobediente, triste ou ir mal na escola, é uma péssima opção, que mina a possibilidade de o filho se sentir amado, além de gerar ainda mais mágoa no cônjuge.

Outra questão muito importante é que, normalmente, os filhos se sentem responsáveis pelo fracasso do casamento dos pais. É, de fato, natural que o filho "dispute" o amor dos dois e que tente, por assim dizer, "separá-los" para ter o amor exclusivo deles. Se a "separação" se efetivar, o filho sente como se ele tivesse sido a causa de tudo. Isto provoca nele um grande sentimento de culpa e uma síndrome depressiva. É, portanto, importante que os pais procurem deixar bem claro que a separação é uma decisão deles e que não tem nada a ver com o filho.

Da mesma forma, se pelo menos a decisão de se separar for tomada de mútuo acordo, o filho sentirá que ainda existe algo que une os pais e que também o une a eles como um casal. Quanto mais as separações puderem ser "consensuais e pacíficas", melhor será para os filhos. Contínuas discussões, brigas e acusações somente contribuirão para piorar o clima em família e gerar instabilidade.

Nestes casos, muitas vezes, é indispensável a mediação de um terapeuta familiar, que ajudará o casal a tornar a separação menos traumática e dolorosa.

É também importante para o filho perceber que os pais não foram "destruídos" pela separação. À medida que eles puderem continuar suas vidas de forma criativa e construtiva, ele também acabará achando o seu equilíbrio emocional. Mais uma vez, nesses casos, a ajuda de um profissional pode ser valiosa para superar as dificuldades e recuperar o equilíbrio.

O FILHO "MAIS" AMADO

Os pais sempre dizem que não têm preferência pelos filhos, que amam todos do mesmo jeito. Mas, como filha, parecem que as coisas não são bem assim. A impressão é que sempre algum filho é "mais compreendido". O que o senhor me diz sobre isso?

Muitos pais dizem com orgulho: "Para mim filho é tudo igual; trato todos da mesma maneira, não faço diferenças". Naturalmente, essas afirmações são sinceras. De fato, quem as faz pensa que é assim. Sem contar que, para um pai ou para uma mãe, admitir que ama mais um filho que outro seria bastante difícil. Quem já viu amar um filho mais do que outro?

Em todas essas expressões, a palavra amor é usada como sinônimo de gostar, compreender, acolher, aceitar, preferir, identificar-se... Mais uma vez constatamos que essa palavra tão importante em nossa vida não dá conta de todos os significados que lhe atribuímos.

Em primeiro lugar, é importante compreender que amar um filho não significa necessariamente estar psiquicamente identificado com ele. Por várias razões, um filho pode nascer em situações difíceis, em um momento "desfavorável" e, por causa disso, pode ser recebido de forma diferente de outro filho.

Um exemplo pode nos ajudar. Vamos imaginar um par de gêmeos que nasce exatamente nas mesmas circunstâncias. Vamos supor que o casal não esteja esperando essa gravidez. O momento não é favorável. O pai está com problemas no trabalho e a mãe está querendo começar a trabalhar para ganhar sua independência e não depender financeiramente do marido. Obviamente, nessas condições, a gravidez é percebida como uma situação invasiva e, inconscientemente, pode vir a ser "odiada" e atacada, mais ainda por se tratar de um casal de gêmeos.

Finalmente o parto. Um dos bebês nasce mais fraco que o outro, com problemas. O casal que já estava vivendo um intenso sentimento de culpa inconsciente por não ter desejado os bebês, agora se sente definitivamente "responsável" pela doença do filho. Naturalmente, as atenções se concentram de forma reparatória no bebê doente. O outro já nasce com a sensação de ser preterido. Ele é cuidado e atendido sempre "depois" do irmão doente. Evidentemente, o bebê não dispõe de um aparato psíquico suficientemente desenvolvido para poder "pensar" uma situação emocional tão agressiva. Ele passa a se sentir preterido. Fica com ciúme do irmão. Passa a atacá-lo até fisicamente. Os ataques se dirigem também contra os pais, que começam a percebê-lo como um problema, ficam decepcionados com sua agressividade e o comparam com o irmão tão bonzinho e quieto.

Eis uma situação em que, apesar de os filhos não terem sido programados, os pais não medem esforços para acolhê-los e oferecer todo o cuidado possível.

Ambos os filhos, na realidade, foram "amados", mas houve uma identificação maior com o bebê que nasceu com problemas.

Além disso, o fato do filho que nasceu são desenvolver certa agressividade "decepciona" os pais que "inconscientemente" já se sentiram agredidos pelo seu nascimento. É fácil compreender que esse tipo de situações tende a se complicar cada vez mais, apesar dos sinceros esforços dos pais de "amar" os filhos.

Os filhos, portanto, não podem e não devem ser "amados" da mesma forma. Cada um precisa ser amado de acordo com as suas características e as suas necessidades.

Ser pai ou mãe é, nesse sentido, um desafio muito grande, pois exige uma maturidade emocional suficiente para poder superar os próprios conflitos internos e cuidar de cada filho do jeito que ele precisa.

Os pais, por sua vez, não devem se sentir culpados se não têm a mesma empatia com todos os filhos. Muitas vezes, aliás, o filho com o qual menos se identificam pode ser aquele que se esforçarão de "amar" mais, demonstrando provavelmente mais cuidado com ele.

A CRIANÇA AGRESSIVA

Sou mãe de um menino de seis anos. De uns tempos para cá, ele tem ficado muito "respondão". O pior é que também tem passado a me bater, quando ele quer teimar em fazer alguma coisa. Eu digo a ele que não pode fazer isso, mas, depois, ele sempre acaba fazendo. Tenho muito medo de que isso piore, pois o pai dele é muito bravo, às vezes até "violento", no modo de recriminar o filho. Como posso resolver isso?

Não é fácil responder à sua pergunta sem conhecer a fundo o contexto em que o problema se origina. De fato, o quadro pode mudar completamente de acordo com a forma como se configuram e se organizam as relações entre os membros do grupo familiar. Vou responder, portanto, de forma genérica, sem pretender oferecer uma fórmula que se adapte ao seu caso particular.

O fato de a senhora se referir ao pai "violento" não me parece de pouca importância. Em primeiro lugar, um pai "bravo" e violento "apavora" o filho, que passa a ser dominado por um sentimento de angústia. Trata-se de uma reação normal diante da "ameaça" que o pai bravo representa. A agressividade que se estabelece na relação com o pai pode tornar-se um padrão emocional que marca a relação em si.

Se a violência do pai e sua braveza se estendem também às relações que ele tem com a esposa, é possível que o menino, por ser homem, identifique-se com a maneira como o pai trata a mãe. Isto pode acontecer quando na família se respira um clima difuso de violência, que invade todas as relações. A sensação de perigo, nesse caso, paira no ar e a necessidade de recorrer à agressividade é uma forma de defesa contra a angústia que a criança sente.

Romper o círculo da violência é fundamental, neste caso, para que as relações se tornem mais saudáveis e possa se estabelecer um clima de confiança.

É possível, porém, que existam outras razões que levem o menino a sentir raiva da mãe. Paradoxalmente, uma delas poderia ser a excessiva tolerância em relação ao seu comportamento. A falta de posturas firmes e de limites pode gerar, de fato, sentimentos de angústia e mal-estar, que por sua vez provocam uma sensação inconsciente de raiva. É como se o menino não tolerasse a "fraqueza" da mãe, uma "fraqueza" que contrasta com a força do pai violento.

Muitas vezes, quando o outro não opõe nenhuma resistência à nossa raiva, tornamo-nos ainda mais agressivos, quase como se isso representasse uma ameaça que deva ser enfrentada com um aumento da agressividade.

É importante que os pais não tenham medo da agressividade dos filhos e que possam enfrentá-la com firmeza. Quando isso não acontece, o sentimento de insegurança dos pais acaba pesando sobre os filhos, que se sentem ainda mais desamparados e à mercê de si mesmos, tornando-se cada vez mais violentos.

PARA ENTENDER
A MULHER GRÁVIDA

Li que são várias as emoções que as grávidas sentem, inclusive neste período ficam mais sensíveis. A mulher muda, do ponto de vista psicológico, quando fica grávida?

Não há dúvidas de que a gravidez representa para a mulher uma experiência muito particular, inclusive do ponto de vista psicológico. A intensidade emocional que esse momento comporta pode ser vivida de várias formas e muda de mulher para mulher.

Vamos começar pelas mudanças mais evidentes, as que envolvem o corpo. Desde o início, a gravidez costuma causar transtornos físicos de diferentes ordens. Seja qual for a intensidade dos sintomas, eles anunciam mudanças no organismo que, a partir do terceiro mês, começam a se tornar mais evidentes. A mulher pode enfrentar tais "transformações" de forma positiva ou negativa, dependendo da relação que ela mantém com o próprio corpo.

Algumas mulheres acham bonitas as mudanças do seu corpo durante a gravidez. Sentem-se mais femininas e até querem ser fotografadas ou filmadas, para lembrar desse momento. Outras, provavelmente a maioria, sentem-se fragilizadas e precisam ser reconfortadas para confirmar que não são horríveis e sem graça como elas sentem.

Além do problema estético, as mudanças corporais trazem incômodos de vários tipos: calor, cansaço, dieta especial, parar de fumar, controlar a bebida etc. O feto que está crescendo nelas gera sentimentos ambíguos. Às vezes, é sentido como parte delas, mas em alguns momentos pode tornar-se um corpo estranho, uma espécie de *alien*, que aterroriza e do qual a mulher gostaria de se livrar.

É importante que a mulher (e quem a acompanha) não se assuste com esses sentimentos, aparentemente tão pouco "adequados" àquilo que todos esperam dela. Tudo isso é perfeitamente normal e faz parte do processo. Não é por isso que o bebê será prejudicado, mesmo porque, durante a gravidez, o bebê ainda está com o aparato psíquico em desenvolvimento e suas percepções são rudimentares.

A mistura de amor e ódio (permitam-me usar essa palavra um tanto forte, mas tecnicamente adequada) é perfeitamente normal e se mantém presente mesmo depois que o bebê nasce. A literatura psicanalítica tem observado como as próprias cantigas de ninar expressam no mundo inteiro essa "aversão" de forma bastante explícita. Como exemplo podemos lembrar da conhecida: "Dorme nenê que a cuca vem pegar, mamãe está na roça e papai no cafezal... ".

É importante que a futura mãe tome consciência dos seus sentimentos que, por terem raízes inconscientes, não estão ainda sob o domínio da vontade e, portanto, da moral. O motivo é simples, tudo o que não é aceito pela nossa consciência é recalcado, ou seja, colocado no fundo do baú do inconsciente. O "ódio" recalcado continua a operar de forma inconsciente e afeta as atitudes da mãe e sua forma de sentir o bebê, provocando consequentemente profundos sentimentos de culpa, que, por sua vez, realimentam a aversão.

Além de todas as transformações físicas que acompanham a gravidez, existem situações que são mais ocultas. Ao viver a gestação de um bebê, toda mãe está também revivendo a sua gestação e o seu nascimento. A história emocional dos primeiros anos de vida é reencenada nesse momento.

Aqui também temos várias possibilidades, dependendo de como foi a gestação e o nascimento da mãe. Se foi uma experiência positiva, provavelmente ela vai reviver o encantamento e o conforto afetivo que ela rememora, transmitindo-o ao seu bebê. Caso contrário, temos duas possibilidades. A primeira é favorável. Isto acontece quando a grávida, ao reviver a sua relação com a mãe, percebida como não positiva, tenta revertê-la dentro de si, com o seu bebê, tendo a experiência com a própria mãe como um modelo negativo, algo a ser evitado. Na clínica é possível perceber que a identificação negativa com a própria mãe, percebida como não suficientemente boa, pode resultar em ótimas mães.

As coisas, porém, podem não fluir dessa forma. Quando a experiência inicial foi percebida pelo inconsciente como algo difícil e traumático, a futura mãe pode sentir "inveja" dos cuidados que ela mesma está proporcionando ao seu bebê, alternando assim momentos de raiva com momentos de afeto.

A gravidez é, portanto, um momento "delicado" na vida da mulher, que exige dos que a rodeiam todo cuidado e compreensão.

QUANDO O HOMEM CUIDA DA CASA

Existem pais que ficam em casa cuidando dos filhos e dos afazeres domésticos, enquanto as mães saem para trabalhar. O fato de a mãe estar mais distante pode atrapalhar o desenvolvimento dessas crianças?

Importantes mudanças socioculturais ocorridas nas últimas décadas afetaram de forma drástica a rotina dos lares e o papel social que homens e mulheres exercem. Com a progressiva urbanização, a família foi se transformando. No início do século XX ainda era comum a sensação de pertencer a um clã familiar, hoje, sobretudo nas cidades grandes e médias, predomina a família nuclear, que vive praticamente isolada (cf. texto "Por que muitos casamentos acabam?", p. 135).

A mulher foi progressivamente assumindo o seu lugar no mundo do trabalho, não podendo mais ter uma dedicação exclusiva à casa e à educação dos filhos. As soluções encontradas são as mais diversas: a contratação de uma babá, a transformação da empregada em uma profissional multiuso, as escolinhas, quando não são os próprios avós que entram em cena para suprir a ausência da mãe. É curioso que, geralmente, as pessoas não se questionam sobre os efeitos que tais soluções acarretam para os filhos. Elas passaram a ser aceitas e consolidadas na sociedade contemporânea.

Por outro lado, o aumento do índice de desemprego e as profundas transformações do mercado de trabalho deixam um número crescente de homens em casa, enquanto as mulheres, geralmente com salários inferiores, conseguem manter seu emprego.

Evidentemente, não é fácil para um homem se ver relegado a cuidar da casa e passar a depender financeiramente da mulher. De fato, se o mundo muda, nossos referenciais não mudam tão rapidamente. Os homens de hoje ainda viveram em famílias nas quais o pai era quem sustentava a casa e a mãe era quem cuidava dos filhos. As identificações internas foram construídas pelo psiquismo a partir desses modelos.

Uma primeira pergunta a ser feita é se o pai está suficientemente adaptado a esse papel ou se ele o exerce enfrentando profundos conflitos internos. Por existir uma comunicação entre os psiquismos, o mal-estar do pai interfere no bem-estar psíquico do filho.

Sabemos que a criança precisa da mãe nos primeiros seis meses de vida. Depois disso, a presença dela pode ser prolongada através de outras figuras que a substituem. Isto não quer dizer que a criança não sinta a falta da mãe, mas, se a pessoa que a substitui for adequada, ela poderá sentir que não há ruptura entre os momentos em que a mãe está presente e os momentos em que ela se ausenta. Um bom pai pode ser melhor que uma babá inexperiente, que uma empregada despreparada ou até que uma mãe deprimida e frustrada.

Outro aspecto importante é determinado pelas características masculinas e femininas, tanto do pai como da mãe. Apesar de os pais não duvidarem de suas identificações sexuais e de sua configuração heterossexual, homens e mulheres se constituem psiquicamente com diferentes formas de lidar com seus aspectos masculinos e femininos.

O ser humano nasce sexualmente indiferenciado. Os aspectos masculinos e femininos estão presentes e desenvolvem-se independentemente do desenvolvimento físico dos órgãos sexuais. Uma pessoa equilibrada integra dentro de si tanto os aspectos masculinos como os femininos.

Existem mulheres que recusam sua feminilidade. No plano psíquico, isso se dá, sobretudo, quando há uma impossibilidade de identificação com a mãe. O modelo materno é recusado e atacado inconscientemente. Freud definia esse complexo como "inveja do pênis". O desenvolvimento unilateral de um aspecto em detrimento do outro traz problemas tanto para o homem como para a mulher.

Sem ser homossexuais, alguns homens desenvolvem seus aspectos femininos de forma harmoniosa e podem ser tão afetuosos e acolhedores quanto a mulher. O homem que tem de cuidar dos filhos e da casa é desafiado a desenvolver seus aspectos femininos e pode, com isso, até ganhar uma maior maturidade psíquica.

E quanto aos filhos? Se esse processo de apropriação dos aspectos femininos acontecer de forma equilibrada no pai que os cuida, não haverá problema algum. O problema é que nem sempre o psiquismo tanto do homem como da mulher se adapta à troca de papéis. No plano simbólico, a mulher de fato continua procurando inconscientemente homens "potentes" e os homens, mulheres que os admirem por sua potência.

GRAVIDEZ INDESEJADA

Sou casada, tenho 42 anos e um filho de nove anos. No mês passado soube que fiquei grávida. Meu marido e meu filho ficaram felizes com a notícia, assim como a minha família. Eu, porém, fiquei arrasada. Minha vida vai mudar e minha carreira pode ficar prejudicada (acabei de ser promovida). O que devo fazer? Estou deprimida e preocupada. Além do mais, em minha idade, a gravidez pode apresentar riscos. Estou sem forças para um novo filho.

Nos meus textos, tenho insistido sobre a importância de que o bebê seja "sonhado" pelos pais e acolhido por um ambiente em que ele se sinta "desejado". No entanto, nem sempre essa situação ideal acontece. O bebê pode chegar inesperadamente, sem ter sido planejado. Quando isso acontece, a mãe pode chegar a sentir a vida que está se formando nela como uma invasão.

O que fazer nesse caso? Em primeiro lugar, gostaria de observar que a falta de entusiasmo da nossa leitora em relação à nova gravidez e a consequente rejeição, embora possam parecer "egoísticos", demonstram que, indiretamente, há uma preocupação com a incapacidade de poder acolher o filho que vai nascer.

Paradoxalmente, poderíamos ver nisso o primeiro instinto de "cuidado" com o bebê. Pior seria uma atitude irresponsável, de quem não se preocupa com as mudanças que a vinda de um bebê traz e com as consequências disso na vida da mãe. Em suma, pior seria não olhar para a realidade, reprimir os sentimentos e fingir que tudo está bem, para não enfrentar as críticas dos outros e para não sentir culpa.

No plano instintivo, é inevitável que, quando o nosso psiquismo se depara com uma realidade inesperada e aversiva, surjam sentimentos ambíguos de frustração, angústia e raiva. A ansiedade se justifica diante do medo que a nova situação inspira e diante da inevitabilidade da realidade.

Por se tratar de sentimentos, mais uma vez vale a pena repetir que não passam pelo crivo da nossa consciência moral. Os sentimentos surgem de uma parte de nossa mente que é essencialmente instintiva. Portanto, a primeira coisa a se fazer diante de sentimentos tidos como horrorosos e inadequados é acolhê-los.

Todo mundo pode achar horrível que uma futura mãe sinta aversão pela vida que está se formando nela, mas isto pode ocorrer. Comentários inadequados e hostis nesse caso apenas acrescentam mais sofrimento e angústia a quem já sofre.

A primeira coisa a se fazer é não negar que tais sentimentos existem. Tomar consciência de sua realidade é o primeiro passo para poder superá-los. A preocupação com a saúde (há mais um filho para cuidar), com a carreira, com a limitação das próprias forças, não é necessariamente negativa. Pelo contrário, é um sinal de equilíbrio psíquico, pois mostra a capacidade de lidar com a realidade.

Permitir que os sentimentos venham à tona, senti-los em toda a sua dramaticidade e intensidade nunca devem ser considerados como algo negativo e eticamente condenável. Olhar para as dificuldades e para os sentimentos negativos que elas nos provocam é fundamental para que possamos assumir nossa vida de forma responsável e consciente.

Uma vez acolhidos nossos sentimentos, podemos passar a lidar com eles. Agora sim será possível recorrer a nossos padrões éticos e morais para agir conforme eles nos mandam. Isto, porém, pode não mudar nossos sentimentos, que, pelo menos em um primeiro momento, podem continuar aversivos. No entanto, o fato de saber que estamos agindo de acordo com o que nós queremos fazer acabará trazendo conforto e uma sensação de harmonia interna.

A IDADE CERTA PARA SER MÃE

Sou casada, trabalho fora e faço faculdade. Tenho 30 anos. O que me preocupa, no momento, é o fato de ainda não ter filhos. Algumas pessoas dizem que, à medida que o tempo vai passando, acabamos não tendo mais tanta paciência com eles. Existe uma idade para ser mãe? Quanto mais madura, não estarei mais preparada para a maternidade?

Do ponto de vista psíquico, a melhor idade para se ter filhos é quando estes podem ser "sonhados". Claro que o físico da futura mãe deve poder acompanhar o "sonho" e sabemos que neste sentido existem limitações. Um médico especialista (obstetra ou ginecologista) pode oferecer todas as orientações necessárias nesse sentido. No entanto a idade física não é o fator mais importante. Não adianta o corpo estar preparado se a psique não está podendo acompanhar o processo que leva à maternidade.

O papel que a mulher exerce hoje na sociedade mudou bastante. Ela passou a assumir tarefas importantes, que exigem dedicação e esforço, tanto físico como psíquico. Sua vida já não se limita ao lar. No seu caso, a rotina diária inclui trabalho, faculdade e, ainda, "cuidar" do marido. A sensação, no fim do dia, é de esgotamento.

Para que um filho possa ser "sonhado" deve existir um ambiente afetivo no casamento que permita esse sonho. Diversas situações podem ser um obstáculo para que a gravidez possa ser desejada e empreendida. É o que acontece quando existem suspeitas, ameaças, disputas, pequenas agressões que amargam o dia a dia do casal. Outro obstáculo ocorre quando o casal não consegue dar uma sustentação econômica ao lar com o seu trabalho. No plano afetivo, pode acontecer que o marido seja percebido pela mulher, mais ou menos conscientemente, como uma pessoa imatura, emocionalmente instável e fraca. Dificilmente a mulher poderá sonhar com a maternidade quando percebe que, para o marido, um filho representaria um "concorrente" desleal, que disputaria com ele a atenção e os cuidados dela.

Para que a gravidez possa ser desejada e vivida como um momento feliz, marido e mulher precisam poder desejá-la. Desde o início, cabe ao marido garantir um ambiente emocional para que a gravidez possa ser vivida pela mulher da melhor forma possível, ajudando-a, assim, a superar suas angústias e ansiedades em relação à saúde do filho que vai nascer e às mudanças do próprio corpo.

Naturalmente, podem também existir barreiras internas que impedem a mulher de "sonhar" com o nascimento de um filho. Neste caso, dificilmente, ela terá acesso às verdadeiras razões que a levam a adiar ou a "sabotar" a gravidez. Trata-se de fato de razões inconscientes, que somente um processo de terapia pode identificar. De forma muito genérica, podemos falar em dificuldades ligadas à maneira como o mundo interno da mulher sente o mundo externo. Pode haver insegurança, baixa autoestima e até ódio por tudo o que se origina dentro dela. Nesses casos, a forma como o parceiro recebe a ideia de uma gravidez pode influenciar ainda mais a decisão.

Se, apesar das dificuldades normais que uma gravidez e o nascimento de um filho acarretam, o casal puder "sonhar" com o filho e houver condições físicas para que isso possa acontecer, esse é o momento certo para engravidar.

NAVEGADORES SOLITÁRIOS

Qual o melhor jeito de os pais cuidarem para que seus filhos usem adequadamente a internet?

Para quem cresceu brincando na rua, é desconcertante olhar para o filho sentado em seu quarto o dia inteiro na frente da telinha do computador, em silêncio, ouvindo o som alto. Para quem se lembra dos gritos, das brigas e das risadas cristalinas das brincadeiras de rua, esse parece um mundo desolado, triste, habitado pela solidão. Os tempos mudaram. Fica certa saudade. Nossos filhos nunca habitarão o mundo encantado da nossa infância. Dificilmente voltarão para casa sujos, suados, com os joelhos machucados.

Fechando a porta do quarto perplexos, muitos pais se perguntam, sem compreender, se isso é saudável ou se é uma forma moderna de doença. A angústia é ainda maior para quem não costuma navegar na internet, acessar o MSN ou uma sala de bate-papo. Para muitos pais, aquele é um mundo hostil e perigoso.

Na realidade, seu filho, embora aparente estar sozinho, está provavelmente dialogando com amigos, colegas, pessoas conhecidas ou não, próximas ou distantes milhares de quilômetros.

Percorrendo os caminhos virtuais da internet, seu filho tem o mundo à sua disposição. Naturalmente isso envolve a possibilidade de encontros bons e ruins. A internet é um verdadeiro universo, onde nossos filhos podem encontrar qualquer tipo de coisa. Informações valiosas para seus trabalhos escolares, dicionários, livros, enciclopédias, artigos estão disponíveis, juntamente com materiais menos apropriados, *sites* pornográficos contendo todo tipo de aberração, literatura não apropriada para menores etc.

Se você sabe mexer com o computador, a maioria dos provedores oferece programas que permitem aos pais controlarem o acesso a esse tipo de material não adequado para crianças, mediante o uso de senhas.

Um recurso importante para evitar que a vida do filho se reduza ao mundo virtual é estabelecer limites para o uso do computador, encorajando outro tipo de atividades. Sair com os amigos, visitar um colega de escola, frequentar uma academia ou um clube, podem ser programas saudáveis que permitem dinamizar a vida do filho.

É importante também incentivar a leitura de um bom livro. Se esse hábito for criado desde a infância, é provável que permaneça na adolescência e na juventude. É importante, porém, deixar que os filhos escolham suas próprias leituras, de acordo com seus gostos pessoais.

Por que não usar os momentos em que a família se reúne (o almoço, o jantar, uma viagem etc.) para comentar espontaneamente um bom livro que algum membro da família leu?

Enfim, não adianta apenas reprimir, mas sim é necessário usar um pouco de criatividade para que a vida familiar se dinamize e permita aos filhos não se restringirem ao mundo virtual da internet.

A INVEJA DO ÚTERO

Depois que nasceu o bebê, meu marido está distante e irritadiço. Ele não parece curtir esse momento e a presença do bebê o incomoda, embora ele disfarce esse sentimento e se esforce para ajudar. O que está acontecendo e como devo agir?

Já falamos neste livro da "inveja do pênis" (cf. texto "Quando o homem cuida da casa", p. 264), um tipo de inveja que Freud atribui à mulher quando ela percebe e deseja a condição masculina, tida como melhor e mais "poderosa".

A pergunta da nossa leitora, no entanto, parece apontar para outro tipo de inveja, desta vez sentida pelo homem, com relação à condição feminina e, em particular, à maternidade.

A possibilidade de gerar nas próprias entranhas outro ser é uma experiência poderosa e assustadora ao mesmo tempo. Trata-se de uma experiência que nós homens assistimos, por assim dizer, "de camarote", sem nunca poder realmente adentrar seu mistério.

A reação do marido da nossa leitora pode ser apenas uma crise de ciúme pela atenção que a mãe dedica ao seu bebê, atenção da qual ele se sente privado. Isto acontece, sobretudo, quando o homem mantém com a mulher um vínculo regredido, quase infantil, moldado na relação que ele tinha com a mãe e quando a mulher se presta a manter esse tipo de vínculo "maternal" com o marido.

Se esse for o caso, a mulher tem de rever suas atitudes, ajudando o homem a ocupar o seu lugar de marido. Nem sempre isso é fácil, pois, na maioria das vezes, o homem se torna um "bebezão dependente", por causa da relação que manteve com a própria mãe. A terapia pode ajudar nesse sentido.

Quando, porém, a reação envolve o nascimento de um filho homem, pode haver um conflito masculino mais profundo, menos perceptível e consciente. Pode de fato tratar-se de uma disputa "edípica" que o pai trava com o recém-nascido.

Neste caso, acredito que haja no inconsciente masculino um complexo que não foi bem resolvido. Ao ser impedido de ter a mãe só para si pelo pai, o futuro pai não pôde se apropriar devidamente do amor da mãe e da "potência" do pai. Isto pode acontecer quando o pai não é admirado, porque é autoritário e grosso, ou então porque é muito "fraco".

Vale a pena notar que esse conflito pode existir não apenas quando o pai está presente, mas também quando o pai está "ausente", porque morreu ou porque não se interessa pelo filho e pela mãe. Neste caso em que a mãe está supostamente disponível para o filho, sem ter um pai que "atrapalhe" a relação entre os dois, instala-se no inconsciente do menino o medo do incesto e a percepção de sua impotência. Ele não pode dar conta das carências da mãe e da falta do pai que ela sente.

Seja qual for a situação, a figura feminina permanece distante e idealizada, quase inacessível. O homem neste caso mal acredita que uma mulher possa interessar-se de verdade por ele. Instala-se nele, então, uma espécie de "inveja" por esse feminino tão poderoso e inacessível. Poderíamos chamar essa inveja, parafraseando a expressão de Freud, de inveja do útero. Inevitavelmente, como em toda forma de inveja, o objeto invejado passa a ser atacado.

O poder do feminino objeto dessa fantasia masculina se intensifica no momento da gravidez, ainda mais quando a mulher dá à luz um filho homem, que passa a desfrutar de todas as atenções da mulher. O pai "excluído" desse amor feminino volta a se sentir inadequado e sem importância, assim como se sentia em relação à mãe. Um sentimento profundo de inveja passa então a devorá-lo. Amor e ódio caracterizam, então, a relação com esse feminino inalcançável.

Por se tratar de um conflito profundo, neste caso acredito que somente uma terapia de cunho psicanalítico possa ajudar.

IRMÃO MAIS VELHO MALTRATA O MAIS NOVO

Sou a mãe de dois irmãos que tem 20 e 15 anos. O mais velho constantemente desmoraliza o mais novo na frente dos amigos, chamando-o de incompetente, idiota e outras palavras mais agressivas. Acontece que vejo que o menino não é nada disso. Ao contrário, é um menino muito inteligente e extremamente interessado em aprender. Não sei mais o que fazer e me preocupo com os efeitos que essas "agressões" poderão ter na vida do meu filho mais novo.

É comum que o palavreado entre irmãos na fase da adolescência (que pode prolongar-se depois dos vinte anos) seja bastante agressivo. No entanto, nem sempre a agressão é tão violenta como parece. É necessário observar se realmente as agressões estão deixando marcas, afetando o equilíbrio emocional da suposta vítima. Muitas vezes, os irmãos na fase da adolescência se agridem, disputando o "seu" lugar no mundo, o que de certa forma é normal. Contudo, na hora em que alguém "mexe" com um deles, eles se unem e é fácil perceber que existe afeto entre eles.

Embora a tendência seja identificar uma vítima e um agressor, nem sempre a vítima é inocente como parece nem o agressor tão injusto. Os sentimentos não surgem à toa, porque a pessoa é má;

eles têm uma justificativa interna, muitas vezes oculta. Se um irmão tem muita raiva do outro é para se perguntar o porquê disso. Provavelmente, ele está se sentindo preterido, injustiçado e agredido por alguma situação que se criou, às vezes desde a infância, e que o levou a alimentar um ressentimento mais ou menos inconsciente. Pode tratar-se de situações em que os pais tiveram de agir de uma determinada forma, sem nenhuma consciência de que um dos filhos estava sentindo-se menos amado. É o caso, por exemplo, quando um dos irmãos tem problemas de saúde, exigindo, portanto, cuidados especiais dos pais, o que os obriga a deixar o outro "de lado".

Devido a isso, geralmente não é bom que os pais tomem partido para defender aquele que aparenta ser o mais fraco, mesmo porque este, por sua vez, pode estar agredindo o irmão de uma forma sutil, inconsciente e, portanto, desapercebida, até por ele mesmo e por aqueles que o rodeiam. A melhor solução é conversar sobre as agressões, fazendo com que cada um possa expressar seus sentimentos. Quando de fato expressamos algo que está "preso" no nosso inconsciente, como um pensamento que não pode ser pensado, há um alívio, pois agora pode ser pensado e posto em palavras. Conversar com ambos os filhos é sempre a melhor solução.

Não é comum, mas pode ocorrer de o irmão agressor ter sofrido situações internas ou externas que o tenham adoecido psiquicamente, levando-o a vivenciar um estado de dissociação psicótica ou então uma forma de "perversão". Nos dois casos, essa pessoa está prejudicada na forma como lida ou avalia a realidade. Não é fácil, contudo, para um leigo reconhecer esses funcionamentos. Será, portanto, necessário, caso sejam notados comportamentos anormais, recorrer a um profissional (psiquiatra). Caso o diagnóstico seja positivo, será necessário intervir para proteger a vítima das agressões, sobretudo quando a violência se torna exagerada e suas consequências se tornam evidentes.

NÃO QUERO IR PARA A ESCOLA!

Como lidar com a criança que chora e não quer ir para a escola?

Pedrinho tem quatro anos. Viveu até então a maior parte do seu tempo na casa da avó que cuidava dele enquanto os pais trabalhavam. Agora a avó ficou doente e Pedrinho precisa ir para a pré-escola. Nos primeiros dias, a reação é preocupante. O menino chora desesperadamente, pedindo aos pais que não o deixem na escolinha. No terceiro dia chega até a se jogar no chão e a morder a professora, que tenta segurar sua mão.

A cena é bastante comum quando as crianças têm de enfrentar o primeiro dia de escola. Algumas escolinhas tentam superar a dificuldade, pedindo às mães que acompanhem o filho e fiquem na escola durante algumas horas, em um local visível à criança, para que ela se acostume ao novo ambiente.

Quando pensamos que o bebê nasce completamente fechado em si mesmo e que a exploração do ambiente externo representa para a criança um processo lento e delicado, sem dúvida a ida à escola é também a descoberta de um novo mundo.

Dificilmente podemos imaginar a complexidade dos processos que ocorrem em uma criança nos primeiros anos de vida. Alguns acontecimentos chamam nossa atenção, porque são visíveis. O surgir das habilidades motoras (pegar objetos, manipulá-los etc.), as primeiras palavras, os primeiros passos... Outros acontecimentos, porém, são menos visíveis, embora não menos sofisticados. A percepção de si como um ser autônomo, a percepção progressiva do mundo externo e a possibilidade de interagir com ele, as primeiras criações como expressão de si (desenhos, rabiscos, brincadeiras, fantasias, sons etc.).

Todos esses sofisticados processos psíquicos ocorrem geralmente de forma espontânea em um ambiente protegido, onde a criança se sente amparada pelo afeto de quem cuida dela. Com a ida para a escola, esse mundo encantado se rompe. Um mundo desconhecido e aparentemente hostil irrompe na vida da criança. Ela deixa de ser o centro das atenções. Passa a interagir com outras crianças, com quem disputa a atenção da professora (que é vista como um prolongamento da figura da mãe).

A tendência hoje é a de antecipar esse processo de inserção no mundo. Com dois ou três anos, as crianças já são lançadas em um mundo que, por criar uma ruptura na continuidade do ambiente familiar, é estranho e difícil, às vezes até hostil. Nesse novo mundo, a criança recebe numerosos estímulos que, dependendo da forma como são ministrados, podem ser percebidos como intrusivos.

A percepção por parte dos pais de que os filhos terão de enfrentar um mundo cada vez mais competitivo e excludente os leva a querer submeter a criança desde os primeiros anos de vida a quantos mais estímulos for possível. Por causa disso, as escolinhas hoje oferecem até curso de inglês, balé, judô, natação etc. Mas cuidado, de nada adianta um super-homem que tenha seu equilíbrio emocional prejudicado. Na vida adulta será infeliz e, provavelmente, terá dificuldade de adaptação.

A ida à escola e o lento processo de inserção no ambiente escolar representam, portanto, um desafio importante para a criança. Tanto a escola como os pais não devem subestimar as dificuldades da criança e suas necessidades de "sustentação" e de apoio nessa fase.

O mal-estar da criança diante do novo ambiente pode manifestar-se nos momentos que ela passa com os pais. Pode tornar-se manhosa, irritadiça, agressiva e desobediente. São reações naturais diante das dificuldades de adaptação ao novo ambiente.

O que fazer quando a criança reage mal em suas primeiras idas à escola? Em primeiro lugar, compreender o seu estado emocional e não ficar irritado. Os primeiros dias poderão ter um horário reduzido e a mãe poderá ficar na escola durante algum tempo, até que a criança assimile o novo ambiente como uma continuação da presença da mãe.

Compensar a "separação" com uma maior atenção dispensada nos momentos em que a criança está com os pais é também uma boa estratégia. Mostrar interesse pelo que ela faz na escola ajudará a criar uma continuidade entre casa e escola, muito importante nessa fase. Pedir à criança que mostre suas "criações" e escutá-la, quando ela quiser falar sobre o que fez na escola, ajudarão muito e, aos poucos, ela se adaptará ao novo meio.

MÃE SEPARADA SEM TEMPO PARA FICAR COM OS FILHOS

Sou separada e mãe de duas meninas. Uma tem dois anos de idade e a outra oito. Trabalho de segunda a sexta-feira, voltando para casa todos os dias à noite. Pago uma mulher para cuidar da casa e olhar minhas filhas. Percebo que elas brigam muito. A empregada diz que é assim o dia inteiro. Quando chego do serviço, penso que elas não vão ficar brigando, mas isso não acontece. Fico me perguntando se minha ausência seria a causa dessas brigas entre minhas filhas. O que devo fazer, já que necessito trabalhar?

Quando uma mãe trabalha fora de casa, fica a sensação de que ela não está sendo uma boa mãe. A separação do marido pode representar um agravante, o que torna a situação ainda mais complexa do ponto de vista emocional.

Por outro lado, a necessidade de trabalhar torna-se cada vez mais imperativa para a mulher, mesmo quando não é separada. Em muitos casos, é o trabalho da mulher que garante a estabilidade econômica do lar. Mas não existem apenas razões de caráter econômico. As profundas mudanças pelas quais passou a nossa sociedade fazem com que a mulher se sinta cada vez menos à vontade em ser apenas a "dona de casa". Para muitas delas, a realização profissional é um fator importante para o próprio desenvolvimento pessoal e para o equilíbrio emocional. Para os filhos é também uma satisfação ver a mãe realizada profissionalmente e como ser humano. Da mesma forma, é muito triste para eles perceber que a mãe, por não trabalhar, virou refém do casamento por razões econômicas ou que está deprimida por não se sentir realizada.

A não ser nos primeiros meses de vida, não importa quantas horas a mãe passa com os filhos. O que é importante é a qualidade da relação que se estabelece quando está com eles. Quando a mãe se sente culpada e fica ansiosa, os momentos passados com os filhos se tornam tensos. A "culpa" faz com que ela delegue à empregada, à babá ou à escola a responsabilidade de educá-los. Para evitar conflitos, ela prefere evitar tensões e fazer dos momentos vividos com os filhos meros momentos de lazer, tornando-se assim a "amiguinha" deles (a mesma coisa costuma acontecer com o pai separado, nos momentos em que os filhos ficam com ele). Neste caso, o resultado é péssimo, pois a falta de limites é sentida pelos filhos como algo muito mais angustiante do que a frustração que os limites impõem. Por isso, eles se tornam agressivos e inquietos.

Outra atitude é a que leva a mãe a "viver" a vida dos filhos. É a mãe que dá tudo pronto para eles, tudo na mão, não permitindo que aprendam a assumir suas responsabilidades. Fazer com que os filhos ajudem em casa, realizando pequenas tarefas, guardando os brinquedos, fazendo sozinhos a lição de casa, escolhendo as roupas para vestir, arrumando o seu quarto etc., ajuda para que se tornem mais independentes e criativos. A mãe que, por não ter vida própria, vive intensamente a vida dos filhos paralisa o seu desenvolvimento (deles e dela própria). Naturalmente, lidar com a culpa e com a ansiedade nem sempre é fácil. Em certos casos, pode ser necessária a ajuda de um terapeuta (psicólogo ou psicanalista). No caso mencionado em sua carta, é possível também que haja conflitos emocionais de outro tipo por parte das crianças. Uma conversa com um profissional poderá ajudar a entender melhor qual é a origem dos problemas.

A MÃE "SUFICIENTEMENTE BOA"

Com frequência assisto a cenas na rua protagonizadas por mães impacientes com seus filhos. Ouço frases do tipo: "Não chore", ou ainda: "Por sua causa perdi o ônibus", entre outras situações. Sinto que é uma situação vexatória para a criança, que, de repente, não entende as motivações da mãe. Gostaria de saber se isso pode trazer alguma consequência para o desenvolvimento psíquico da criança?

As cenas descritas em sua carta infelizmente são frequentes e provocam em quem observa mal-estar, uma sensação de violência. Isto, evidentemente, não nos autoriza a julgar ninguém, pois não estamos na pele dessa mãe, que, provavelmente, é vítima de outros tipos de violência. Mas será que esses tipos de situações prejudicam gravemente a criança? Mais uma vez, não podemos generalizar, pois isso depende da idade da criança e do seu desenvolvimento emocional inicial, que pode ter sido adequado. Se isso aconteceu, se foi bem-cuidada quando era um bebê, a criança desenvolve certa capacidade de "suportar" os altos e baixos da mãe, suas flutuações emocionais.

O que importa de fato não são os atos isolados, mas a relação como um todo, que traz à criança uma sensação de continuidade. Isso, naturalmente, desde que as "rupturas", ou seja, os excessos neuróticos da mãe do tipo que sua carta relata, não se tornem demasiadamente frequentes e intensas. Se isto acontece, rompem-se a continuidade e o sentimento de confiança que a criança deve sentir para que possa desenvolver-se emocionalmente de forma saudável.

A mãe e o pai, de fato, são os grandes mediadores da relação da criança com o mundo e com os outros. Caso haja uma ruptura na relação de confiança que a criança tem com os pais, o mundo começa a desabar e a ser percebido como não confiável. Neste caso, os futuros vínculos que a criança estabelecerá tenderão a ser marcados pela ambiguidade, pois as relações serão sentidas como inseguras, ameaçadoras, instáveis, sem garantia de continuidade.

Winnicott, o famoso pediatra inglês, que se tornou um dos mais influentes psicanalistas do século XX, deu particular importância à relação mãe e filho. Ao observar milhares de crianças com suas mães em seu consultório, chegou à conclusão de que, para garantir o desenvolvimento emocional do filho, uma mãe não precisa ser perfeita, mas apenas "suficientemente boa".

A criança, mesmo o bebê, tem certa capacidade de suportar as falhas do ambiente (mãe), desde que não sejam prolongadas e excessivas. É importante que a mãe desenvolva a sensibilidade de perceber quando a criança alcançou seu limite e não o ultrapasse. Quando, porém, a mãe é neurótica, ou louca, para a criança, então, abre-se um abismo sem-fim. Pior que a mãe louca é a mãe inconstante, que cria com a criança um vínculo ambíguo, duplo. Num momento, ela é amorosa e solícita; em outro, ela é agressiva e dura.

A duplicidade da mãe, sua ambiguidade, torna difícil para a criança o contato com a realidade, que deixa de ter uma continuidade e passa a ser sentida como inconsistente, podendo levar o filho a desenvolver uma dupla personalidade, podendo até caracterizar no futuro a esquizofrenia. Mesmo quando a criança não é enlouquecida pela mãe, há a possibilidade de ela desenvolver falhas muito sérias no seu desenvolvimento psíquico que a tornam inapta ao convívio com os outros, ao trabalho e, sobretudo, ao desenvolvimento da própria capacidade de criar, sem contar o imenso sofrimento psíquico que tudo isso acarreta.

MATAR OS PAIS

Acompanhei as notícias sobre o caso Suzane von Richthofen, que tramou e participou da morte dos pais. Gostaria de saber o que se passa na cabeça de um filho que mata os pais. Haveria alguma explicação para isso? Li também na internet que em certa época da vida é necessário os filhos "matarem" psicologicamente os pais. Isso é verdade?

É verdade. Para o seu desenvolvimento psíquico, os filhos precisam de certa forma "matar os pais". Durante a transição da infância para a idade adulta, o adolescente precisa confrontar-se com os pais. É o período em que tudo (ou quase tudo) o que os pais pensam e fazem é "atacado", com críticas ou mediante a adoção de comportamentos que desafiam aquilo que os pais mais prezam.

É um período difícil para os pais, sobretudo se não tiverem alcançado certo equilíbrio psíquico e emocional. Além do mais, esse momento pode coincidir com a crise da meia-idade, em que os pais ficam mais fragilizados ao perceberem os primeiros sinais do envelhecimento. A isso se acrescentam frequentemente os medos da exclusão do mercado de trabalho, crises na relação conjugal e sentimentos de inferioridade diante da dificuldade de acompanhar um mundo que muda com tanta rapidez. Sem contar com aquilo que poderíamos chamar de *tecnoexclusão*. Um simples controle remoto pode tornar-se um pesadelo, pior ainda no caso de um computador ou de um celular de última geração. Tudo isso parece comprovar o olhar do filho adolescente, que vê nos pais dois dinossauros.

Para o adolescente, esse período de confronto é muito importante, pois ele precisa reforçar sua estrutura de personalidade, o seu "Eu", para adquirir autoconfiança e autonomia. Paradoxalmente, porém, o processo só é bem-sucedido se os pais "sobrevivem" aos seus ataques, demonstrando que podem contê-los sem se desestruturar e sem perder o controle emocional. A manutenção de certos "limites" ajuda o adolescente a não ficar à mercê da angústia e dos sentimentos de culpa que sente ao tentar impor-se diante dos pais, confrontando-os. Desta forma, o Eu fica reforçado, sem ter a sensação de que a sua existência representa uma ameaça para o outro.

No caso da Suzane von Richthofen, algo falhou de forma trágica nesse processo. O psiquismo dessa jovem não suportou o desafio que surge do embate com a realidade externa, com o limite que a mesma impõe em termos de restrição ao desejo (no caso o namoro). É difícil avaliar o que aconteceu exatamente. Provavelmente houve falhas ambientais (pais), acompanhadas por uma constituição psíquica na qual acabaram prevalecendo os núcleos psicóticos. Isto não quer dizer necessariamente que a jovem seja uma psicopata.

Talvez o problema esteja em uma estrutura psíquica que fica a meio caminho entre a sanidade e a loucura. Personalidades não adequadamente amadurecidas, que vivenciam uma profunda crise de identidade, podem desenvolver um comportamento "perverso". A palavra no jargão técnico aponta para uma forma específica de funcionamento psíquico.

O perverso, para controlar a angústia que sente diante de sua insegurança interna, busca estabelecer um controle "onipotente" sobre a realidade. À diferença do louco, para o qual a realidade externa não pode sequer ser equacionada, o perverso enxerga a realidade externa, mas a "torce" constantemente a seu favor, ou melhor, a favor do seu desvio psíquico. Sua relação com o mundo externo (objetos e pessoas) fica subordinada ao seu desejo. O que para uma pessoa "normal" parece absurdo, para o perverso é perfeitamente "normal". Neste sentido, é bastante provável que ele dificilmente se arrependa dos seus atos.

PAI VIOLENTO

Meu pai sempre foi uma pessoa muita brava, até violenta, com a minha mãe e meus irmãos. Eu mesma levei muitas surras dele quando criança e a consequência disso é que nunca senti amor por ele. Tinha medo e raiva ao mesmo tempo. Ele morreu há uns dois anos e confesso que dei "graças a Deus" por isso. Porém esse sentimento me atormenta. Sinto-me aliviada, mas ao mesmo tempo com remorso. Hoje estou com 25 anos. O que posso fazer para me sentir em paz?

Um dos paradoxos mais dolorosos da violência é que ela causa nas vítimas um sentimento de culpa, sobretudo quando já existem estruturas psíquicas que predispõem a isso. Às vezes, esse sentimento é consciente; outras vezes, não; mas, em alguns casos, pode ser tão intenso que a pessoa passa a pedir desculpas até por existir, denunciando um evidente movimento de autodepreciação e de esvaziamento interno. A culpa pede também algum tipo de "reparação" que pode levar a formas exageradas de cuidado pelos outros ou a ataques inconscientes de caráter masoquista que levam a pessoa a se autopunir de várias maneiras (fazendo dívidas, provocando sua própria demissão no emprego, batendo o carro, machucando-se com frequência etc.).

Para entender a estranha ligação que se cria com quem nos agride, devemos remontar à energia psíquica que está por trás dos movimentos que ligam as pessoas entre si e com o mundo. Podemos descrevê-la como a força instintiva que nos move em direção aos objetos (pessoas e coisas) que pertencem ao mundo externo, permitindo que nos liguemos a algo ou a alguém. O movimento pode manifestar-se através de sentimentos amorosos, mas também através de sentimentos carregados de agressividade e ódio. Na maioria das vezes, esses sentimentos opostos caminham de mãos dadas.

Quando somos "investidos" pelo amor de alguém, cria-se um vínculo com essa pessoa. O mesmo vínculo é criado também quando somos investidos pelo ódio, sobretudo quando se trata de uma pessoa importante para nós do ponto de vista afetivo. Mãe e pai são, evidentemente, as pessoas mais significativas para nós, pois é através deles que se estabelecem os primeiros vínculos com o mundo externo. Se a criança sente que o amor prevalece na relação com os pais, ela pode desenvolver uma relação amorosa e confiante com o mundo externo e com ela mesma. Caso contrário, se na relação com os pais prevalece a agressividade, a criança tende a ser retraída e a ficar desconfiada em relação ao mundo e a si mesma. Para ela, será difícil estabelecer relações amorosas, pois todo vínculo afetivo tenderá a ser sentido como algo "perigoso" e ambíguo, e o "mundo" será percebido como algo destrutivo.

Um pai violento representa, portanto, uma tragédia na vida de uma criança, que passa a nutrir por ele sentimentos opostos. Por um lado, não pode deixar de amá-lo, pois é o pai dela; por outro lado, não pode amá-lo, pois esse pai é percebido como uma presença destrutiva e adversa que se instalou dentro dela. Ou seja, a criança não pode se livrar do vínculo que tem naturalmente com o pai e, por isso, passa a "odiá-lo" intensamente, por se ver "aprisionada" em um vínculo que a oprime e por um "fantasma" que a assombra. O ideal é que, com o tempo, ela possa "pensar" o seu próprio "ódio" como um movimento natural de autopreservação, necessário para o seu equilíbrio psíquico. Mais uma vez, é bom esclarecer que, quando falamos em "amor" e "ódio" inconscientes, estamos falando de movimentos instintivos e não ainda de atitudes conscientes que envolvem um juízo moral. Neste sentido, os sentimentos ambíguos que a criança nutre pelo pai são absolutamente naturais e necessários para a sua saúde psíquica, pois eles a ajudam a se separar desse pai violento que se instalou dentro dela e que a impede de se relacionar com o mundo com mais confiança.

FILHA NASCE E PAI VAI EMBORA

Aconteceu algo muito grave na minha vida. Mal dei à luz uma linda menina, meu marido me deixou. Ele disse que já queria fazer isso durante a gravidez, mas achou que não seria bom para mim. Agora que minha filha nasceu, ele disse que não me ama mais, que não quer morar comigo e que já tem outra mulher. Isso tudo para mim é trágico, constrangedor, difícil e triste. Onde será que errei? Meus pais vão me ajudar a criar minha filha, mas será que terei condições de criá-la sem a presença do pai?

Trágico, constrangedor, difícil e triste: estas palavras cuidadosamente escolhidas revelam seus sentimentos e sua dor. Não é para menos. O nascimento de um bebê é uma circunstância especial na vida de uma mulher e de um casal. Entretanto, no seu caso, trouxe dor, tristeza e mágoa. É paradoxal que, justo no momento em que a mulher está oferecendo ao homem o fruto do seu amor, um presente tão especial como um filho, algo que deveria consolidar e fortalecer a união, o marido resolva ir embora. No entanto isso acontece e, infelizmente, o seu não é o único caso.

Não podemos saber o que levou seu marido a tomar uma decisão tão paradoxal, em um momento tão inadequado. Trágico é justamente ter de lidar com um tipo de violência inexplicável, sem sentido, imprevisível e sobre a qual não temos controle. A situação pela qual está passando tem essa característica: ela é trágica e, portanto, traumática e violenta.

Mas por que constrangedor? À primeira vista, podemos estranhar o constrangimento por parte de quem foi vítima de uma situação que certamente teria preferido evitar. O constrangimento aponta para um sentimento de culpa. Paradoxalmente, quem sofre algum tipo de violência costuma sentir-se de alguma forma culpado. Pelo seu aspecto trágico e traumático, a violência acaba assumindo para o inconsciente um caráter punitivo. Trata-se de uma punição particularmente dolorosa, porque quem é punido não sabe o que provocou a punição. Seria como se nosso pai nos desse um tapa, assim, de repente, sem um motivo compreensível.

Sem dúvida é difícil poder lidar com todos esses sentimentos misturados, sobretudo vivendo um momento tão delicado, como os primeiros meses de vida do seu bebê. Este momento, de fato, exige uma dedicação total por parte da mãe, mais do que a própria gravidez.

Seu marido teve o cuidado de protegê-la durante a gravidez, mas não percebeu que a estava abandonando em um momento ainda mais delicado. É triste que não tenha percebido o quanto isso seria importante para a sua filha. A função do pai, quando o bebê nasce, é essencialmente aquela de garantir um ambiente adequado (poderíamos dizer um ninho) para que a mãe e o bebê possam viver uma experiência extremamente peculiar e fundamental para a constituição do psiquismo do bebê. Cabe ao pai criar as condições ambientais para que essa experiência possa acontecer. Seu marido fez exatamente o contrário, deixou mãe e filha totalmente desamparadas do ponto de vista emocional, justamente no momento em que mais precisavam de seus cuidados.

Na ausência do pai, contudo, outros (no caso seus pais) podem garantir um pano de fundo adequado para que a mãe possa dedicar-se com exclusividade ao bebê. O importante agora é isso, que você encontre o equilíbrio emocional para poder voltar-se totalmente para o seu bebê e cuidar dele com dedicação "exclusiva". Este não é o melhor momento para tentar descobrir "seus erros". O tempo a ajudará a entender melhor essa situação paradoxal. E não se preocupe: embora a figura do pai seja importante, outros poderão, mais para frente, tomar o seu lugar, um avô, um tio, enfim, outra figura masculina próxima.

MORANDO COM OS PAIS IDOSOS

Moro com os meus pais, que já são idosos. Por vezes, a implicância deles por alguma coisa dentro de casa me faz perder a paciência. Mas sei que eles são idosos e precisam de atenção e carinho. Como passo fazer para que esta relação tenha mais harmonia?

O número de pessoas que continuam morando com os pais mesmo na idade adulta tende a aumentar. Trata-se de um fenômeno que não atinge somente o Brasil, mas também países europeus e norte-americanos (não tenho dados sobre a situação nos países asiáticos e árabes).

Razões de caráter econômico, dificuldades em constituir uma nova família ou até dificuldades em assumir a própria autonomia levam os filhos a permanecer com os pais mesmo depois dos trinta anos. Em alguns casos, a permanência dos filhos junto aos pais acaba tornando-se definitiva e é sustentada pela necessidade de "cuidar" dos pais. O fato é que, do ponto de vista psíquico, permanece a sensação no filho de que algo em sua vida não se desenvolveu.

Podemos dizer que o convívio prolongado com os pais por parte dos filhos traz como consequência uma paralisação no processo de conquista da autonomia. A sensação de estar amarrado e sem condições de se expandir para poder criar suas próprias formas é inevitável.

Cada ser humano precisa imprimir sua própria maneira de ser no mundo que o rodeia. A forma como decoramos nossa casa, como vestimos, como organizamos nosso espaço, como nos alimentamos, como administramos nosso dinheiro, a escolha dos objetos que compõem o nosso mundo, a maneira como organizamos nossa vida social são aspectos importantes que refletem a nossa personalidade, imprimindo nossa maneira de ser no mundo.

Em nome de um senso errado de altruísmo, esses aspectos da nossa personalidade são considerados supérfluos, não essenciais para a nossa sobrevivência. O esperado é que haja uma "adaptação" incondicional às necessidades do outro. A exageração dessas exigências é provavelmente responsável pelo movimento contrário, claramente presente no convívio familiar e social de muitas pessoas: a exasperação do individualismo.

No entanto, como dizia Aristóteles, a virtude está no equilíbrio. O reconhecimento da necessidade de um espaço pessoal, onde possamos manifestar nossas "formas" de ser, é fundamental para o ser humano. Não somos anjos, puros espíritos; habitamos um corpo. Toda necessidade psíquica, portanto, é também uma necessidade que se expressa na corporeidade, repercutindo no ambiente que nos rodeia e no mundo material com o qual interagimos. Ao atingir a idade adulta, há uma necessidade imperiosa de construirmos nosso próprio espaço, feito à nossa imagem e semelhança. Um espaço que possa ser habitado sem restrições, sem invasões e que possa realmente ser percebido como "nosso". Evidentemente, ao compartilhar o espaço com pais idosos, os filhos acabam tendo de abrir mão dessa necessidade, e isso é, a meu ver, bastante prejudicial.

Com isso, não quero dizer que os pais devem ser abandonados ao seu destino. No entanto, será muito mais saudável, inclusive para os pais, poder dispor de um espaço que seja "unicamente" deles e que reflita a maneira de ser deles, suas características de personalidade e suas memórias.

A minha sugestão é: more perto dos seus pais, mas não more com eles. Certamente você e eles serão mais felizes.

A PERDA DE UM FILHO

Meus tios tiveram três filhos, dois meninos e uma menina. Os dois filhos morreram tragicamente em um acidente de carro. Desde a morte dos filhos, eles não conseguiram superar o trauma, e meu tio, em especial, nem consegue falar sobre o assunto. Em relação à filha, eles também mudaram o jeito de ser com ela. Fico perguntando-me se é o jeito mais certo de reagir. Será que há alguma coisa ainda mal resolvida psicologicamente dentro deles sobre a morte prematura dos filhos?

A perda de um filho é uma tragédia com consequências emocionais enormes. A superação de um trauma desse tipo costuma ser lenta, difícil e nem sempre bem-sucedida. No caso dos seus tios, a perda foi dupla, com o agravante de ter sido repentina e inesperada, pois ocorreu por causa de um acidente de carro. Se, por acaso, um dos pais estava dirigindo, a situação fica ainda pior, pois envolve culpa e uma tácita acusação por parte de quem não estava no volante.

O luto, um processo psíquico normal, embora muito doloroso, passa por estados emocionais diferenciados, que, com o tempo, se tudo der certo, ajudam a pessoa a se distanciar da perda, possibilitando novas relações. Freud descreve alguns dos estados psíquicos que caracterizam o luto: desânimo, perda de interesse pelo mundo externo, perda da capacidade de amar e um afastamento de toda atividade que não esteja relacionada à pessoa que morreu.

A primeira reação de desespero pode ser seguida por uma aparente apatia, que pode chegar à negação da perda. É o momento em que as pessoas reagem como se nada tivesse acontecido, mantendo a rotina e os ambientes, envolvendo a pessoa amada como se ela ainda estivesse viva.

Sentimentos de revolta, de raiva, fazem com que as pessoas se tornem agressivas e fechadas no seu mundo. O sentimento de raiva tanto pode envolver a pessoa amada, que é sentida como "culpada" por nos ter abandonado, como a própria pessoa em luto, que passa a se sentir "culpada" pela morte da pessoa amada. Neste momento, costumam vir à tona os momentos de conflito, faltas de cuidado, discussões e desavenças.

Geralmente, é somente depois dessas alterações emocionais que pode acontecer o processo de elaboração da perda. Aos poucos a pessoa encara a realidade e volta a se interessar pela vida. Um sinal disso é a recuperação da capacidade de se entregar a novas relações: novos afetos podem tomar o lugar dos que foram atingidos pela perda.

Quando o processo do luto não segue o seu curso normal, temos uma situação doentia, conhecida como melancolia. No caso citado em sua carta, a dificuldade por parte do pai de falar sobre o assunto parece apontar para essa possibilidade. Na melancolia, o contato com a perda deixa de ser consciente, e a perda se torna algo mais profundo e não identificável. A perda do filho não é mais a perda de um filho, mas uma perda de "algo" não identificado dentro de nós.

Trata-se de um empobrecimento da própria psique, que se sente esvaziada. A autoestima é baixa, e a pessoa vive censurando-se e se achando inadequada; ao mesmo tempo, os outros também passam a ser percebidos como inadequados. Isto explica o afastamento da filha que sua carta menciona. Trata-se de um estado emocional muito penoso, que tira da pessoa todo interesse pela vida e que a impede de se sentir viva.

A IDADE ADEQUADA PARA COLOCAR O FILHO NA CRECHE

Hoje sabemos que pais e mães que trabalham fora precisam em algum momento colocar seu(s) filho(s) em uma creche. Existe uma idade ideal ou adequada para que a criança possa ir para a creche?

Definir a idade "ideal" ou "adequada" para colocar o filho na creche pode levar-nos a uma simplificação inadequada que não daria conta da realidade em sua complexidade.

Acredito que, para a maioria das mães, seja bastante difícil se separar do filho, sobretudo quando ele é muito pequenininho. Não há dúvidas de que, para uma criança que ainda não atingiu a idade escolar, se separar da mãe seja difícil, sobretudo quando se sente bem-cuidada estando em casa. Uma mãe sensível percebe essa dificuldade e, de alguma forma, tende a se sentir culpada por ter de se separar do filho.

Dois extremos devem ser evitados. Por um lado, é importante fazer com que a mãe não se sinta ainda mais culpada do que já se sente normalmente. Por outro lado, evitar subestimar a dificuldade que a criança com menos de cinco ou seis anos sente ao ter de entrar em uma escolinha.

O período de socialização da criança, ou seja, o momento em que ela está pronta para se separar dos pais e se abrir para um círculo de relações mais amplo, acontece normalmente depois dos quatro anos.

Mesmo assim, trata-se de um processo que exige dela uma adaptação a uma situação nova à qual não está acostumada e, portanto, sempre envolve algum tipo de desconforto.

Antes dos quatro anos, o processo adaptativo é mais difícil, mas não é impossível e, certamente, em muito depende da forma como ela é recebida na escolinha que os pais escolherem. Neste sentido, não é qualquer escolinha que serve. Algumas são totalmente despreparadas e inadequadas para lidar com essa faixa etária.

É importante que os pais procurem com cuidado e escolham a escolinha cujo ambiente seja adequado a lidar com uma criança dessa idade. Isto, concretamente, envolve um período de adaptação, com a presença da mãe, suficientemente longo para que a criança se acostume ao novo ambiente e possa percebê-lo, de alguma forma, como uma continuação do ambiente familiar.

Outro aspecto importante: nessa faixa etária, a criança precisa de atenção e cuidados especiais e "personalizados". Salas com um grande número de crianças são, portanto, inadequadas.

As atividades devem ser essencialmente lúdicas, centradas no brincar, evitando situações em que a criança se sinta pressionada ou "competindo" com as outras (pelo menos isso é válido até a idade da socialização). Apresentações em público, para agradar os pais ou a escola, também podem ser aversivas para algumas crianças introvertidas e gerar um senso de exclusão, caso não consigam vencer a timidez e se apresentar junto com as outras mais extrovertidas.

Antes dos seis meses, a criança não está preparada para se separar da mãe. Os primeiros seis meses de vida são de fato decisivos para a formação do psiquismo da criança e da sua personalidade. Os cuidados maternos nesse período são essenciais.

MEU FILHO BEBE MUITO

Meu filho, infelizmente, anda bebendo muito. Fico muito preocupada. Converso com ele, mas não adianta. O que vou fazer? Peço sua ajuda.

Embora não tenha acesso a estatísticas oficiais, testemunhei, em cidades de porte médio do interior de São Paulo e Minas Gerais que visitei recentemente, um considerável aumento no número de pessoas envolvidas com o alcoolismo e as drogas. Provavelmente a situação não é diferente nas periferias das grandes cidades.

Quando não prevalecem situações de caráter pessoal, ligadas a perdas, frustrações nos relacionamentos ou dificuldades de relacionamento em família, o problema está vinculado às escassas oportunidades de crescimento profissional e pessoal, à falta de emprego e à carência de programas de caráter cultural ou esportivo para o tempo livre. Para fugir de uma rotina esvaziada e vencer o tédio, o jeito é recorrer ao boteco da esquina ou, para os mais abastados, o clube da cidade ou algum local noturno.

Quando alguém se envolve com o uso excessivo do álcool, a primeira reação dos familiares é conversar, tentando convencer a pessoa interessada a beber menos. Trata-se de um engano. Para quem se tornou vítima da dependência do álcool, não adianta beber menos, é necessário parar.

Quanto mais cedo o problema for detectado, mais fácil será tratar dele. A grande armadilha está no fato de que o dependente tende a não reconhecer o seu estado patológico e a minimizar suas consequências, envolvendo os familiares nessa negação do problema que se torna uma dolorosa autoenganação. O alcoólatra acha que não está doente, que seus hábitos de consumo da bebida representam apenas uma maneira "normal" de "relaxar" ou de confraternizar com os amigos.

A primeira "verdade" a ser encarada é que o alcoolismo é uma doença e não proporciona nenhum tipo de encontro com ninguém, a não ser com uma garrafa vazia. Conversa de bêbado não aprofunda nenhum tipo de vínculo. Muito pelo contrário, leva a estabelecer relações puramente fundadas na solidariedade ao vício. Beber, portanto, condena o viciado à mais completa solidão.

Podemos falar em dependência quando beber em excesso tornou-se uma prática sobre a qual o dependente já não tem controle. A bebida deixa de ser um mero detalhe e torna-se o motivo principal que motiva a vida do viciado. A bebida se torna o principal "programa" de suas horas livres (no início) e, sucessivamente, do seu dia a dia. Sem a bebida, o alcoólatra não acha graça nenhuma em fazer nada.

Por outro lado, embora "parar" de beber seja prioritário, é muito importante perceber que uma pessoa começa a beber ou a se drogar por alguma razão. Daí a importância de detectar as causas que levaram à dependência do álcool ou da droga.

Tratar de dependentes químicos não é fácil. Uma simples conversa geralmente não resolve muita coisa, pois estamos diante de uma doença. O tratamento exige profissionais especializados e deverá atacar duas frentes: a dependência química e a psicológica.

O tratamento a base de remédios e a eventual internação procurarão desintoxicar o paciente das consequências que o álcool provoca no organismo (as alterações bioquímicas que causam a dependência). A terapia procurará buscar as causas que levaram à dependência. Ambos os tratamentos são importantes e necessários.

Grupos de sustentação do alcoólatra, como o AA, costumam ser altamente eficazes para a perseverança, já que a recaída é fácil e pode ser causada pela ingestão de apenas pequenas doses de álcool.

MEU FILHO É HOMOSSEXUAL

Sou casado e tenho um filho de 12 anos de idade que apresenta sinais de homossexualidade. Não sei o que fazer e ainda penso: será que errei em alguma coisa? Por favor, me oriente.

Apesar dos avanços, nossa sociedade ainda continua sendo "machista". É, portanto, bastante comum a maioria considerar como sinais de homossexualidade formas de comportamento em que se manifestam aspectos "femininos" da personalidade, supostamente tidos como afeminados.

Os sinais de homossexualidade podem não ser realmente esses. Para um diagnóstico, sobretudo em um pré-adolescente de 12 anos, são necessários elementos mais específicos. O mais indicado é que os pais, quando desconfiam de que haja no filho traços de homossexualidade, consultem um especialista (psicólogo ou psicanalista) que possa orientá-los sobre a atitude correta a ser tomada. Não é de fato impossível que o pai projete no filho suas fantasias inconscientes de caráter homossexual e seus medos em relação à sua identidade sexual. Quanto mais o pai for "machão", mais frequentes são essas projeções.

Caso seja comprovada a ocorrência de experiências de tipo homossexual com colegas, será necessário que os pais lidem com isso com muita prudência e tato. É possível de fato que tais experiências sejam apenas formas de exploração da sexualidade, sem necessariamente indicar uma tendência homossexual definida. A ocorrência desse tipo de experiências entre meninas talvez seja ainda mais comum e não costuma acarretar consequências para a futura identificação sexual.

O ser humano nasce bissexual e somente com o decorrer dos anos vai definindo sua identidade sexual. Neste processo interferem fatores de diferentes aspectos, sendo que, mais uma vez, as relações com os pais e "entre" os pais têm um papel importantíssimo.

O que é definitivo, nesse jogo inconsciente de "alianças" e identificações, é a manutenção do afeto da mãe e do amor do pai. O menino pode identificar-se sexualmente tanto com o pai como com a mãe, dependendo da forma como os aspectos masculinos e femininos de ambos interagem entre si.

Alguns exemplos podem ajudar-nos a entender a complexidade desse fenômeno. O menino, por exemplo, pode identificar-se com o sexo feminino na tentativa de "conquistar" o afeto de um pai distante ou violento. Mas o mesmo pode acontecer com um pai afetuoso, "castrado" por uma mãe dominadora. Neste caso, o filho pode identificar-se com os aspectos femininos para ganhar o afeto da mãe, submetendo-se aos aspectos masculinos inflacionados dela e identificando-se com os aspectos femininos do pai. Enfim, trata-se de uma "química" bastante complexa e muito diferenciada de caso para caso.

Por se tratar de fenômenos inconscientes, é extremamente difícil a identificação das possíveis "causas" das tendências sexuais dos filhos. O que é importante é que os pais procurem encarar os "sinais" de homossexualidade com serenidade, sem "rotular" o filho, preocupando-se em mostrar para ele que o afeto está garantido.

Como dizia brincando um dos meus pacientes homossexuais, se a homossexualidade fosse uma "opção", ninguém optaria por ela.

Não é fácil encarar a homossexualidade em nossa sociedade. Trata-se de uma condição humana complexa, que acarreta escolhas difíceis e situações conflitantes.

O que os pais devem perceber é que o filho homossexual deverá enfrentar um mundo muito mais complexo. As chances de sofrer são maiores, não apenas por causa da discriminação, mas também pelas questões psicológicas e afetivas envolvidas.

Refiro-me, por exemplo, à dificuldade de lidar com a extrema promiscuidade do mundo homossexual. Mesmo quando é possível o convívio com um parceiro fixo, às normais dificuldades de uma união estável se acrescentam as dificuldades psíquicas de convívio com um parceiro do mesmo sexo, com o qual se estabelece uma situação de compartilhamento de mundos, mas também, quase sempre, uma relação de competição. Sem contar com o desejo de ter filhos e a sensação de ter "decepcionado" profundamente os pais.

Enfim, como sempre quando se trata de filhos, uma dose dupla de amor e compreensão é a melhor fórmula.

FILHOS E TELEVISÃO

Li, recentemente, que o Brasil é o país cujas crianças ficam mais tempo diante da televisão, cerca de quatro a cinco horas paradas em frente ao aparelho. Que perigos para a formação da personalidade da criança esse tipo de comportamento pode ocasionar?

Não há dúvidas de que a TV entrou para fazer parte do nosso dia a dia, multiplicando sua presença na casa, onde ocupa um lugar de destaque na cozinha, nos quartos, na sala ou até em um quarto exclusivamente reservado para ela, o *home theater*.

Hoje, com a multiplicação dos canais através das TVs pagas e a prática do *zapping* (passar de um canal para o outro usando o controle remoto), em muitas famílias assistir à TV tornou-se uma prática solitária. As crianças, por sua vez, são encorajadas a ficar na frente da TV para não "amolarem" os pais, que estão absorvidos em rotinas de trabalho cada vez mais cansativas e longas.

Quais as consequências desses novos hábitos da família brasileira, sobretudo para as crianças? Privar uma criança da nossa presença de pais e confiá-las à babá eletrônica não são certamente uma boa opção. A criança precisa de um contato com os pais e precisa "brincar".

O brincar é uma atividade altamente sofisticada e importante para o desenvolvimento psíquico que proporciona o encontro entre o mundo interno da criança e objetos retirados do mundo externo. Quando brinca, a criança entra em contato com suas fantasias, sua imaginação. Trata-se de uma atividade próxima do "sonhar". Por meio dela, a criança cria suas brincadeiras e as vivencia, habitando seus "mundos".

Quando brinca, a criança opera sobre a realidade externa através dos objetos com os quais interage (brinquedos) e entra em contato com sua poderosa capacidade de transformá-los e significá-los. Os bichinhos de pelúcia adquirem vida, falam, portam-se bem ou mal e são castigados ou premiados. As relações com os pais, com os colegas e com o mundo são encenadas nas brincadeiras. Desta forma, com a mediação do brinquedo, a criança assimila e atribui sentido às suas experiências emocionais do dia a dia. Trata-se de um processo psíquico altamente rico, cujo exercício terá consequências imensas sobre o futuro desenvolvimento da criança. O brincar desenvolve a capacidade de se relacionar com o mundo de maneira criativa e prazerosa.

Evidentemente, uma criança na frente da TV não vive nada disso. A TV age sobre o psiquismo com estímulos intensos, contínuos e rápidos. O tempo em que a câmera se fixa em um objeto é em média de dez segundos. Para não se tornar cansativo e manter a audiência, um programa de TV deve causar impactos emocionais constantes. Isto é possível com o uso de recursos visuais e sonoros, que, por serem agradáveis ou aversivos, "emocionam" o telespectador e o mantém preso à telinha.

Trata-se de um verdadeiro bombardeio sensorial que estimula emoções internas de intensidade variável. Devido à velocidade com que tudo isso se processa, não há tempo para uma elaboração. O material emocional se acumula, gerando estados emocionais instáveis, carregados de ansiedade (daí a necessidade que muitos sentem de comer na frente da TV), ou então um estado de sonolência, que é uma defesa contra a ansiedade.

A exposição constante e prolongada a esse tipo de estimulação é evidentemente prejudicial. Além disso, do ponto de vista motor, a TV é uma atividade sedentária, o que não é bom para ninguém, menos ainda para uma criança.

Por ser um instrumento, a TV não é nem boa, nem má. Depende do uso que se faz dela. Uma boa solução é intercalar as sessões na frente da TV com outros tipos de atividades. No caso da criança, a brincadeira será uma forma de elaborar e "digerir" as estimulações recebidas. Ela retira a criança do isolamento e favorece sua socialização. Os estímulos sensoriais e as memórias emocionais suscitadas pelos programas assistidos poderão ser assim elaborados. Melhor ainda se esse processo puder ser vivido "na presença" dos pais, que poderão, dessa forma, perceber como os programas assistidos geram um impacto sobre a criança.

VESTIBULAR:
UM RITUAL DE PASSAGEM

A partir de novembro, vários jovens se encaminham para os últimos dias de estudos para as provas dos vestibulares. Muitos ainda não decidiram que carreira profissional irão seguir. Geralmente, esses jovens ainda não têm maturidade para tomar um passo tão importante para sua vida. De que forma nós, pais, podemos ajudá-los?

O período que marca o fim do segundo grau e o início dos estudos superiores representa um momento mais importante do que possamos imaginar na vida dos jovens. Para os que estão em dia com seus estudos, o vestibular acontece em torno dos 17 ou 18 anos, uma idade em que dificilmente eles têm condições de ter uma ideia clara do que pretendem fazer de suas vidas.

O vestibular é um momento crítico não apenas pela dificuldade de enfrentar uma prova que avalia o conhecimento adquirido no decorrer do segundo grau, mas também porque representa o momento em que o jovem se depara com o fim definitivo da infância e com as responsabilidades da idade adulta. O que está em jogo é o seu futuro.

Saber o que queremos para nós mesmos costuma ser difícil em qualquer idade, mas é particularmente difícil nessa fase, quando, talvez pela primeira vez, a "escolha" lança o jovem diante de suas responsabilidades em relação à sua própria existência. Ele é convidado de repente a assumir as rédeas de sua vida. Tudo isso já seria bastante difícil em um mundo normal, mas, no mundo em que vivemos, isto se torna ainda mais angustiante. Os mitos da performance, do sucesso, da ostentação, do glamour, aliados à sensação de estar envolvidos em um ambiente altamente competitivo, embaçam o horizonte.

Para complicar ainda mais as coisas, este é também o momento em que os pais projetam com maior intensidade seus projetos sobre os filhos. Desde que o filho nasce, os pais alimentam algum tipo de "sonho" com relação ao seu futuro, em alguns casos com os contornos bem delineados. Se assim for, não resta ao jovem muita escolha, seu caminho já foi delineado: ser médico, advogado ou administrador de empresa como o pai, para dar continuidade aos seus negócios e aos seus sonhos, ou então dentista, veterinária ou professora como a mãe. Embora essa situação alivie as ansiedades do jovem, retirando dele o peso da escolha, é, na realidade, a pior situação possível.

Para ajudar os filhos é importante que os pais neste momento saibam "se retirar", deixando o filho a sós com seus próprios sonhos, incentivando-o para que os sonhe à vontade. Se ele não quiser conversar sobre o assunto, é bom esperar o momento oportuno, quando ele mesmo demonstrar interesse em fazê-lo. Em alguns casos, as escolas oferecem algum tipo de orientação sobre profissões e os jovens trocam informações entre si.

Da mesma forma, é o momento em que o jovem se depara com suas responsabilidades: ele deve de fato dar conta de uma série de pequenas tarefas, acompanhando a agenda prevista para cada uma delas: inscrição na prova do Enem, inscrição no vestibular e/ou inscrição em algum cursinho. A melhor coisa é que o jovem se organize sozinho. Geralmente ele gosta de fazer isso, juntando-se aos colegas mais próximos. O ideal é que os pais acompanhem a uma prudente distância, perguntando de vez em quando se tudo está correndo bem.

Da mesma forma, de nada adianta pressionar com a preparação do vestibular neste momento. Se o jovem não adquiriu um hábito de estudo, de nada adiantará pressioná-lo. Também é muito importante não o pressionar quanto ao resultado do vestibular. Mostre que, se não passar, o mundo não vai acabar. Poderá fazer um cursinho, ter um tempo a mais para fazer suas escolhas e fixar melhor seus conhecimentos.

Desta forma, o vestibular se torna uma espécie de ritual de passagem, em que os jovens vão começando a assumir a responsabilidade de suas vidas, aprendendo a organizar seu tempo, articulando estudo e momentos de lazer. Quanto aos pais, o desafio é conter sua ansiedade, tentando "se separar" dos filhos, para que possam habitar seu próprio mundo, que, com certeza, terá muitos elementos retirados do mundo dos pais, mas que terá também características absolutamente originais.

Esta obra foi composta em CTcP
Capa: Supremo 250g – Miolo: Pólen Soft 80g
Impressão e acabamento
Gráfica e Editora Santuário